「仕事ができる」とはどういうことか？

楠木建
山口周

宝島社新書

はじめに

「この人じゃないとダメだ」と思わせる、それが「仕事ができる人」です

仕事ができる人はなぜ稀少なのか。このシンプルな問いが本書の起点であり基点です。

仕事ができるようになりたい。そのための能力をつけたい。意欲のある人であれば、おそらく全員がそう思うでしょう。需要のあるところには供給が生まれます。人々の需要に対応して、仕事ができるようになるための技法を説く指南書が次から次へと世に送り出されます。ビジネス書の大半がこの種の本だと言ってもよいでしょう。

にもかかわらず、現実に仕事ができる人は依然として少ない。試みにみなさんの

周囲を見回してみてください。「ああ、この人は確かに仕事ができるな……」と思わせる人はそういないと思います。これはどういうことでしょうか。

言うまでもなく、この問いは「仕事ができる」の意味に依存しています。世の中に流暢な英語を話せる人はたくさんいます。プログラミングができる人もたくさんいます。会計やファイナンスの知識を持ち、統計分析ソフトを使いこなして高度な財務分析ができる人も少なくありません。しかし、こういうのは仕事全体をいくつかの機能に分解したところに出てくる「スキル」です。ここで言う「仕事ができる」は「スキルがある」とは似て非なるものです。

まずは、仕事とは何かをはっきりさせる必要があります。「仕事」とは「趣味」ではないもの。これが僕の定義です。趣味は自分に向けて自分のためにやることです。自分が楽しければそれでいい。これに対して、仕事は「自分以外の誰かのためにやること」です。漁師は仕事ですが、釣りは趣味。お客の役に立ってこその仕事です。お客とは組織外部の顧客だけとは限りません。組織の中にもその人の仕事を必要としている人——上司や部下や横で働いている人々——がいます。彼らに価値を与えられて初めて「仕事」になるのです。

あっさり言えば「成果を出せる」。これが「仕事ができる」ということです。広い意味でのお客の立場で「頼りになる」「安心して任せられる」「この人ならなんとかしてくれる」。もっと言えば「この人じゃないとダメだ」——そう思わせる人が僕の言う「仕事ができる人」です。

この意味での仕事能力は、「あれができる・これができる」というスキルを超えています。それを総称して、「センス」と呼んでいます。外国語を駆使しても、肝心の成果を出せない人がいます。プログラミングのスキルがあるのに、まるで役に立たない人がいます。さまざまな戦略分析のフレームワークに精通しているのに、戦略を描けない人がいます。みなさんも思い当たる人がいるのではないでしょうか。こういう人は「作業」は得意でも「仕事」ができない。スキル以前にセンスがないのです。

スキルを伝授しようという本は無数にありますが、センスの問題に正面から向き合った本は少ないのが現状です。理由ははっきりしています。スキルであればそれを開発する定型的な方法、すなわち「教科書」があります。この意味で、スキルは育てられますが、センスは直接的には育てられません。センスについてはスキルのような標準的な教科書が成立しないのです。

ほぼすべての人がセンスの重要性に薄々は気づいています。しかし、正面から論じようとはしない。本文中でも話しているように、古い比喩で恐縮ですが、センスというのは「月光仮面をかぶった寅さん」のようなものだからです。月光仮面は「どこの誰かは知らないけれど、誰もがみんな知っている」。で、マスクを取ると、中から寅さんが出てくる。「それを言っちゃあ、おしまいよ……」という成り行きです。センスと言ったとたんに、話がそこで終わってしまう。裏を返せば、だからこそ「仕事ができる人」はいつも稀少な存在なのです。それだけ価値があるということでもあります。

本書のタイトルは『「仕事ができる」とはどういうことか?』です。「どうしたら仕事ができるようになるか」ではありません。HOWの話はほとんどしていません。議論の対象の性質からして、そういう話はできないのです。どうやっても中途半端になってしまいます。

その代わり、仕事ができるとはどういう「こと」、すなわち、ＷＨＡＴについては、さまざまな実例やエピソードを交えてたっぷりと語っています。「仕事ができないとはどういうことか」という逆側からも突っ込んだ話をしています。

ＷＨＡＴを特定すれば、ＷＨＹについての理解もまた深まります。なぜセンスなのか。なぜスキルや分析だけではそのうち限界に直面するのか。にもかかわらず、なぜ仕事の文脈ではスキルが優先して、センスが劣後するのか。何がセンスを殺すのか。こうした論点についても多様な切り口や角度から考察しています。

ＷＨＡＴとＷＨＹに加えて、ＷＨＯも重要な論点です。われわれが見たり聞いたり一緒に仕事をした経営者やリーダーを主たる題材にして、「仕事ができる人とは、どういう人なのか」についても語っています。ＷＨＯを知ることは、「仕事ができる」の正体に接近するうえで大いに役立つからです。

繰り返しますが、センスは直接的には育てられません。だからと言って、生得的な「天賦の才」では決してありません。育てられないけれども、育ちます。他動詞ではなく、自動詞の「育つ」です。センスは自ら錬成するものです。

そのためには、まずもってセンスとは何で、何ではないかを知らなければなりません。仕事能力の中核にあるセンスの輪郭をつかめなければ、その錬成にも取り組めません。本書のタイトルを『「仕事ができる」とはどういうことか？』とした次第です。

対話を通じてこうした論点を明らかにするうえで、山口周さんは僕にとって理想的、まさに願ったり叶ったりのパートナーです。その著書を通じて山口周さんを知り、「自分と同じようなことをずっと考え続けてきた人がいる！」とうれしくなりました。この本をつくる過程で、山口周さんから多くのことを学びました。深く感謝致します。また、こうした機会を与えてくださった宝島社の宮川亨さんにお礼を申し上げます。ありがとうございました。

本書をつくり終えた今でも、「仕事ができるようになるにはどうしたらいいのか」という問いに対して、僕は確たる答えを持ち合わせていません。それぞれに自分のセンスを見極め、時間をかけて磨いていくしかありません。それでも、山口周さんとの対話のおかげで、「仕事ができるとはどういうことか」が前よりもはっきりと見えるようになりました。そして、このセンスの錬成こそがキャリア構築の醍醐味だということを再確認しました。

スキルの「お勉強」に明け暮れがちな人々が多い昨今、いま一度「仕事ができるとはどういうことか」をはっきりさせておくのは、意味があることだと思います。本書が読者の「仕事」の一助となることを願っています。

楠木　建

目次

第二章

「仕事ができる」とはどういうことか？

第三章 何がセンスを殺すのか

第四章 センスを磨く

装丁　bookwall
本文ＤＴＰ　一條麻耶子
帯写真　清水 健
協力　岩田奈那、早川 満

※本文中の肩書き、役職、年齢および事実関係は対談が行われた２０１９年10月時点のものです。

第一章　スキル優先、センス劣後の理由

アート派、センス派は〝ビルの谷間のラーメン屋〟

楠木　仕事ができるようになりたい。能力をつけなければいけない。で、スキルの習得に血道をあげる。この手の努力が、かえって仕事における限界をつくってしまう。こういう皮肉な成り行きがあるんじゃないか、と常々思っているんです。その背景には、山口さんの言葉だと、「サイエンス」と「アート」の相克がある。僕もほとんど同じことを考えていて、僕の言葉で言うと「スキル」対「センス」ということになります。

図式的に言えば、「センス」とか「美意識」とか「直観」というのが右側にあるとすると、左側に「スキル」とか「サイエンス」とか「分析」の世界がある。比喩的に言えば、右脳対左脳ということですね。そう言うとすぐに「いや、右脳対左脳という通俗的な機能分担は現代の脳科学では否定されていて……」とお叱りを受けたりするのですが、こういう人こそ左脳が強すぎる（笑）。いずれにせよ、この対比で考えると仕事におけるいろんな誤解や矛盾みたいなものが解けて、本当に仕事ができるとはどういうことか見えてくると思っています。

面白いのは、世間的には、とくに仕事の文脈ではサイエンスとかスキルが優先してセンスとかアートとか美意識とかいうのは劣後するという傾向があります。それは理由があることですが、結局のところ山口さんとか僕とか、ほかにこういうことを言っている人でいえば内田和成さん（早稲田大学商学学術院教授）とか、そういうセンス系の主張は常に少数派なんですね。

山口さんのご本（『世界のエリートはなぜ「美意識」を鍛えるのか？　経営における「アート」と「サイエンス」』光文社新書）を僕は比較的早くに読んでいて、お目にかかる前から同じ少数派ということで勝手に親近感を抱いていました。われわれの立ち位置は人気がないんですよね。一方に、「要するに人間力だ」という、一足飛びな話をする人々の一群が昔からいて、これは一定の多数派を常に形成している。でも僕はこっちの「人間力派」とも気が合わないんですね。人間力と言ってしまうと話があまりに茫漠としてくる。

それが何なのかを突き詰めて考えるとき、それが「何ではないか」をまず考えてみるというのが僕の思考のクセなんですが、人間力という話はそれが「何ではない

アート派・センス派はいつの時代も少数派

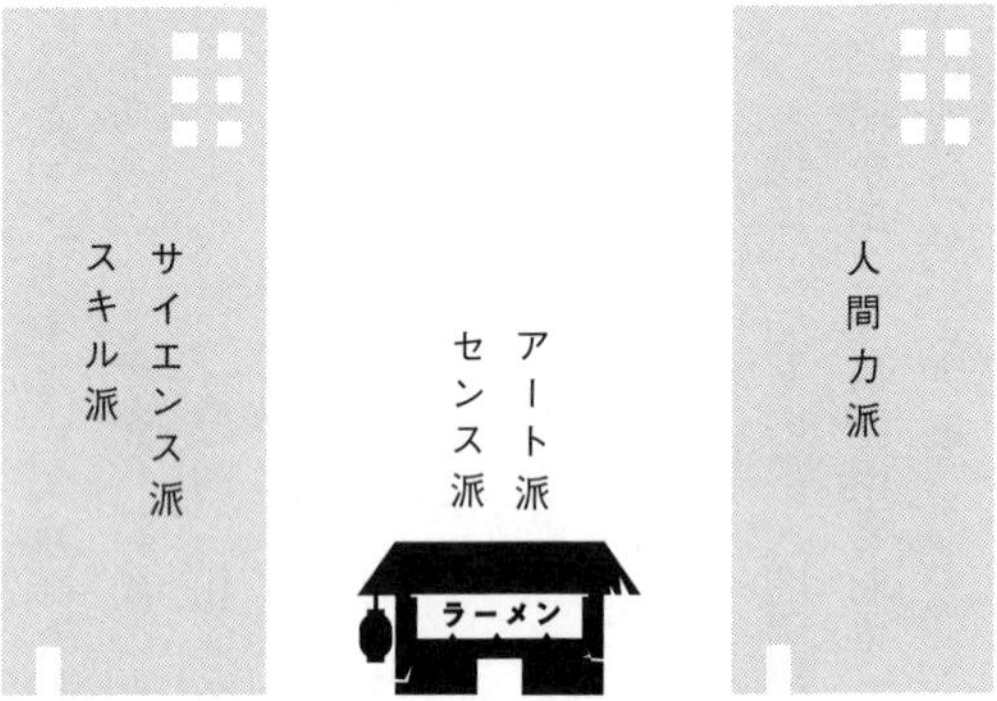

か」が議論しにくいんですね。「アート対サイエンス」「センス対スキル」という枠組みで考えたほうが、議論の解像度が上がると思います。

　いずれにしろ、「アート派・センス派」というのは、いつの時代も「サイエンス派・スキル派」と「人間力派」という二大派閥に挟まれた〝ビルの谷間のラーメン屋〟のような存在。東西両正面から攻め込まれるドイツ第三帝国というか。

山口　いや、僕も楠木さんのご本、とても共感して読ませていただきました。ここ20年ほどの間、「論理を極めれば強いビジネスができる」という考えが支配的になっていたなかで、楠木さんの『ストーリーとしての競争戦略　優れた戦略の条件』（東洋経済新報社）が「本当にそうだろうか？」という大きな問いを投げかけた。私の「美意識」に関する本も同じ問題意識に根ざしています。

楠木　山口さんが言う「サイエンス対アート」とほぼ同じような意味で、僕の場合は「スキル対センス」という言葉を使っていると言いましたけど、そもそもなぜ「センス」が「スキル」に劣後するのか、これを考えると両者の相違がはっきりすると思います。

一言で言ってしまうと、山口さんもご本の中でおっしゃっているように、アートとかセンスにはアカウンタビリティがないんですね。例えば国語、算数、理科、社会、こういうのは「スキル」です。「できる・できない」という話。あるいは英語をしゃべることができるとか、プレゼンテーションや交渉力とか、ファイナンスの能力とか、法務の知識とか、スキルは他者に容易に示せるんですね。英語で言えば外国人の前で流暢な英語をしゃべってみせるとか、弁護士とか会計士の資格を持っているとか。

これに対して、センスというのは一例でいうと「女性にモテる」。特定の尺度では測れないし、すぐにモテるという状況を見せられるわけでもない。さまざまな要因の総体というか綜合として「モテる」能力があるわけです。

清潔にすればモテるとか、顔がよければモテるとか、特定少数の説明変数を持ってくるのが難しい。清潔でルックスもいいのにたいしてモテない人もいれば、見た目はパッとしないのにとにかくモテる人もいる。「清潔感がある人が好き」という人は多いですが、これにしても物理的に清潔かどうかとはちょっと違う話で、実際は清潔にしているのにまるで清潔感のない人もいる。

「清潔にしろ！」というのであれば、話は簡単です。朝起きたらシャワーを浴びるとか、歯をよく磨くとか、爪を切り揃えるとか、鼻毛を切っておくとか、すぐにいくつものアクションが思いつく。それを実行すれば清潔になれる。これはスキルの範疇です。清潔スキル。ところが、「清潔感を持て！」と言われても困ってしまう。何をどうしたらよいのかが判然としない。

山口　「爪を切れ」というアドバイスと「清潔な印象を与えろ」というアドバイス

では具体性のレベルが全然違いますからね。しかし、では「爪を切れば清潔な印象を与えられるか」というと必ずしもそうではない。

楠木　わかりやすい例として「明らかにプレゼンテーションのスキルがあるにもかかわらず、話がものすごくつまらない人」がいる。それとは逆に「プレゼンテーションの構成や方法は出鱈目なのに話に大いに引き込まれる人」もいる。これは僕たちがセンスとかアートと言っているものに大きくかかわっていると思います。

アカウンタビリティ——示せる・測れる——はスキルの絶対の美点です。「TOEIC 950点」とか、「プログラミングができますよ」と言ってチャカチャカやれば「おお、できるなぁ」とすぐわかる。職務経歴書にも書ける。職務経歴書に書けるかどうか。端的に言って、これがスキルとセンスの違いですね。

山口　なるほど、スキルはエビデンスとして言語化・数値化して示すことができるということですね。一方でセンスのエビデンスは言語化・数値化が難しい。確かに「僕にはセンスがあります」なんて言う人のセンスこそまったく信用できないですね。

楠木　信用できない（笑）。「私は商売センスがありまして」――僕もちょっとうさん臭いなと思う。そういうことは経歴書には書かない。ヘンに思われるから。

それに加えて、スキルには習得の方法が用意されている。スキルを開発するための標準的な教科書や教育プログラムが用意されている。しかもそういう方法は常に市場での競争に晒されているから、次から次へ「よい方法」が出てくる。その分野で定評がある方法が確立しているから「こうやったらできるようになる」という道筋が事前に見える。要するに、スキルは人々をそそるんですね。

これがセンスやアートとなると「じゃあ、どうすればいいんだ」という話になる。センスを身につけるための「定型的・標準的な方法」はないわけで。

よく読まれている本に「ロジカル・シンキング」をテーマにしたものがありますが、あれは思考とその構成についてのスキルです。最近よく言われるデザイン思考とかもそうなんですけれど、ああいうのもスキルとしてパッケージされている。実際に素晴らしい教科書がたくさんあります。長く読み継がれている教科書であれば、まず間違いない。例えば、照屋華子・岡田恵子両氏の『ロジカル・シンキング　論理的な思考と構成のスキル』（東洋経済新報社）は非常に優れた教科書です。優れた教科書や方法を選んでそのとおりにやったら、必ず前よりもロジカルにシンキングできる。だからスキルには安心感がある。それに対して「センスだよ」と言ったとたんに人々は不安になりますね。

山口　スキルと違って「定型的・標準的な方法」がありませんからね。

楠木　スキルであれば、正しい方法の選択と努力、時間の継続的投入がカギです。ここさえ間違えなければ、間違いなく前より「できる」ようになる。あるところまでは、やればやるほどＴＯＥＩＣの点数は上がるんです。そうすると、それがますますインセンティブやモチベーションになる。

その一方でセンスが厄介なのは、ない人が頑張るとますますヘンなことになってしまうんですね。要するに努力と得られる成果の因果関係がきわめて不明確なんです。洋服のセンスのない人が30万円握りしめておしゃれなセレクトショップに行くと、だいたいひどいことになって出てくる。

ビジネスとは問題解決

山口　スキルがここまでもてはやされてきたのは、「時代の要請」という側面があったと思います。端的に言えば「スキルが金になった」ということです。それは「役に立つ」ということが価値になったからですね。ところが昨今では「役に立つ」ということがそもそも求められなくなってきている。「役に立つこと」から「意味があること」に価値の源泉がシフトしていると思うんです。「役に立つ・役に立たない」「意味がある・意味がない」という二つの軸を組み合わせて世の中で売られているサービスや商品を整理してみると面白いことがわかります。「役に立つモノ」よりも「意味があるモノ」のほうが高い値段で売られているんですね。

例えば自動車の世界では、日本車のほとんどは「役に立つけど意味がない」に整理されます。人も荷物もちゃんと積めて静かで快適で燃費もよい――つまり移動手段としてはもちろん「役に立つ」わけですが、一方で、そのクルマがあることで人生の豊かさや充実感が得られるというような「意味的価値」はありません。「アコードのない人生なんて考えられない」とか「プリメーラのハンドルを握っていると

自動車業界における
「役に立つ」と「意味がある」による分類

	意味がない	意味がある
役に立つ	日本車	ポルシェ BMW ジャガー
役に立たない		ランボルギーニ フェラーリ

人生の手応えを感じる」という人ってあんまりいないわけです。一方で、例えばポルシェやBMWといった自動車は「役に立つうえに意味もある」ということになります。価格で言うと標準的な日本車の3~5倍くらいの価格で飛ぶように売れているわけですが、では3~5倍も役に立つのかというとそんなことはない。「役に立つ」という点で日本車と高級外車を比較してもほとんど差はないわけです。じゃあ何にそれだけのプレミアムを払っているのかというと「意味的価値」なんですね。

楠木　世の中では移動手段としてほとん

ど役に立たない自動車も売れていますすね。

山口　そうなんです。さらに上をゆくのが「役に立たない、意味しかない」という自動車で、例えばランボルギーニやフェラーリなどがその典型ですね。車体は巨大なのに人間は2人しか乗れず、荷物はほとんど積めない。悪路が走れないのは当然のことで、車高が極端に低いので段差のあるガソリンスタンドにも入れない。つまり「移動手段として役に立つ」という点から評価すればまったく評価できない、単に爆音を出して突進するだけのシロモノなんですが、数千万円の対価を支払っても欲しがる人が列をなしているわけで、これは「意味的価値」にお金を支払っているということになります。

この「役に立つこと」から「意味があること」に価値の源泉がシフトしているというのは、いろんなところで見られる現象で、例えば昨今では家を新築する際に薪ストーブを入れたがる人が増えていますけど、これも同じですよね。エアコンというきわめて効率的に部屋を暖めてくれる器具が備わっているにもかかわらず、あえて不便な薪ストーブを高いお金を払って入れようとする、というのも「役に立つ」

から「意味がある」へのシフトとして整理できます。

「役に立つ」はスキル、「意味がある」はセンス

山口　ちょっと大げさな表現をすれば、これは「近代の終焉」ということだと思うんです。「役に立つ」「便利にする」というのは、ここ200年くらいの間は必ず価値を生んだんですが、最近になって機能や利便性を高めても売れないという状況がいろんなところで発生しています。これは日本にとって非常に大きな話です。というのも、日本企業の多くは「役に立つ」ことで世の中に価値を生み出してきましたから。

楠木　トヨタやホンダ、パナソニックやヤマハといった昭和時代に確立したナショナルブランドはことごとく「役に立つ」。

山口　そうなんですよ。日本企業でいち早く世界進出に成功した企業の多くは「役に立つ」という便益を提供することで成功しているんです。一方で「意味がある」という便益で世界進出に成功した企業となるとそんなにないんですね。すぐに思い

浮かぶのは、川久保玲さんのコム・デ・ギャルソンや、ヨウジ・ヤマモトといったファッションブランドです。

楠木　ヨウジ・ヤマモトの服は普段着としては必ずしも機能的ではありません。僕は女性がヨウジの服を着ているのは大好きです。日本の女性をもっとも美しく見せる服ではないかと思っていますが、ユニクロで売っている服の10倍の値段で売られています。

山口　欲しがる人にとっては「意味がある」ということですよね。僕が問題だと思うのは、ああいうデザイナーの輩出が1980年代以降はパッタリと止まってしまったということです。通常は社会の文明的側面が一定の水準を超えると文化的側面での価値創出へとシフトするんですけど、日本ではその流れはバブル崩壊の冷水で出端《でばな》を挫かれてしまうんですね。その結果、相変わらず「役に立つ」という軸での価値創出からシフトできないでいるんですが、「役に立つ」ということを追求していると、そのうち逆に「役に立たない」ものを生み出すことになります。典型的な例が家電製品のリモコンですね。うちのテレビのリモコン、ボタンが65個付いているんですよ。普段使うボタンは4つなので残りの61個はそれこそ「役に立たない」んですね。どうしてこういうことになっちゃうのかというと、「役に立つ」という軸から離れられないからです。なぜ離れられないのかというと、「役に立つ」はスキルとサイエンスでなんとかなるけど「意味がある」はセンスとアートが必要になるからです。

楠木　今の山口さんのお話で僕が思ったのは、まず、今までは「問題の量」が「解決策の量」を大きく上回っていた。それが、だんだん解決策のほうが過剰になってしまうという量的な問題。もうひとつは、昔あった問題というのは今そこにある誰が見ても同じ、明らかな問題だったということ。「暑い」とか、「食べ物が腐った」とか。ところが、「意味」が問題になると、人によって違う。「意味があるのか、ないのか」という問題になると、これは人によって違うということが出てくるわけです。これは質的な問題ですね。

問題は解決すればするほど「量」から「質」にシフトする

楠木　グローバルで成功を収めた日本の会社というか、特定の商品と言ったほうが正確ですが、ホンダのスーパーカブ。これは化け物のような工業製品です。最近、ある本を読んで「へぇ～」と思ったんですけど、スーパーカブがこれまでに世界でつくられたモビリティ商品のなかで、もっとも累積で売れているんですね。世界生産台数が1億台を超えている。しかも、現役の商品として今でも日々記録を更新し続けている。

何がすごいのかというと、日本で売っているスーパーカブは1957年の最初のモデルと基本的に同じ技術や構造をそのまま維持しているということです。これは掛け値なしに偉業だと思うんですね。スーパーカブはものすごく「役に立つ」ものだったんですけれども、それが本質みたいなものをがっちり捉えすぎちゃっていて、「もっと役に立つ」の方向に行くというよりも、結果的にそれとは別系統の何かしらの「意味」を持つところまでいった。

そういう日本発のケースというのはほかにもあって、僕が手伝っている会社で言うとファーストリテイリングのユニクロ事業はそこを目指していると思うんですよね。大衆に向けたマス・プロダクションだけれども、「用の美」というか、役に立つを突き詰めていった先に美意識が出てくる。独自の意味を持つようになる。これは日本発のイノベーションのひとつのモデルだと思います。ところが、多くの会社は先ほどのリモコンの例にもあるように、効用がどんどん小さくなるにもかかわらず、余計な機能を使う、加えるという形で「役に立つ」の方向へ無理していってしまう。

山口　スーパーカブが面白いのは、スーパーカブを製造して提供する企業側ではなく、その製品を受け止める市場側が意味をつくっていった、というところにあると思うんです。もともとホンダはハーレーダビッドソンのようなビッグバイクでアメリカ市場に進出しようとしたけれども、なかなかうまくいかなかった。そんなときにスーパーカブを営業の移動用に使っているホンダの社員を見た販売店員に、「むしろあっちのほうが欲しいんだけど」と言われて売り出したら、それまでの「ヘルズ・エンジェルスのような無頼漢たちの乗り物」というバイクの凶悪なイメージが、善良でナイスな人たちによって「健全ですごく便利な乗り物」というイメージに変わっていった。市場の中でユーザー側が勝手にスーパーカブのイメージをつくっていったというところがありました。ビッグバイクというのは移動手段のツールというよりも情緒的なツールで、そういう意味では「役に立つ」より「意味がある」ものですね。それを売ろうとして結局はうまくいかなかったところ、移動手段としてきわめて便利で「役に立つ」スーパーカブが売れたところ、市場の中で「善良でナイスな人たちの乗り物」という意味まで生まれてしまった。

楠木　商売というのは本質的に問題解決ですね。これまでにもありとあらゆる人たちがありとあらゆる問題を解決してきた。だとすると「この線でいくと大方の問題が解決されて、消費というのは大きく抑制されて、商業活動も抑制されて、純粋消費財しか売れなくなるんじゃないか」という仮説を持った人がいるんですね。(ジョン・メイナード)ケインズあたりも、ちょっとそうした面があった。100年ぐらい前にあった議論ですけど。

山口　ケインズの「生産性がこのまま上昇し続ければ、一日に3時間だけ働けばいい社会がくる」という予言のことですね。

楠木　要するに「純粋消費財」の商売だけが残るという話。米、味噌、醤油とか。あとは何かが壊れたから買い直すとか。

僕が前によく考えた問題のひとつに「なぜいつまでたっても商売には終わりがないのか」というのがあります。イメージとして、今ある空間にさまざまなニーズ、すなわち「解決されるべき問題」が広がっているとする。企業は特定のニーズに対応して問題解決、つまりは商品やサービスを提供する。そうすると問題が解決される。こうして一つひとつの問題が解決されていけば、ぬり絵が完成するように、すべての問題が解決され、挙句の果てには問題解決としての商売もネタが尽きるように思える。ところが現実にはいまだに「お客様のニーズに対応して……」といろんなものが出てくる。商売に終わりはないんですね。

これはどういうことか。論理的に言って理由はひとつしかない。「問題の解決それ自体が新たな問題を生み出す」というロジックです。だから問題解決としての商売のネタは尽きない。パソコンが出てきていろんな問題が解決されました。インターネットでますます解決されました。ところがデータがやりとりされるようになると、ウイルスの問題が出てきます。だからウイルスを駆除するようなソフトが必要です——そうやって問題解決が新たな問題を生み出していくということなんですけど。

山口　確かにそうですね。

楠木　ポイントは、新たな問題設定というのは、かなりセンス、アートの領域に入るということです。従来のスキル的な人たちから見るとすでに「解決過剰状態」になっているんだけれども、ある見方からだとやっぱりセンスの問題なので、そこに解決すべき問題が見えてくる。当たり前の話ですが、問題が定義されなければ、いつまでたっても解決は進まない。

山口　問題を解決すると新たな問題が生まれてくる。このとき「古い問題」と「新しい問題」では「問題のタイプ」が変わってくると思うんです。問題を「望ましい状況と現在の状況とのギャップ」だと定義すれば、「望ましい状態」をどのようなモノサシで定義するかで「問題のタイプ」が変わってくる。端的に言えば、問題は解決すればするほど「量的問題」から「質的問題」にシフトしますよね。

マズローの欲求五段階説もそういう構造になっていますけど、生理的欲求や安全欲求などの比較的低次の欲求ほど数値化しやすく、自己実現や承認などの高次の欲求ほど数値化しにくい。死亡率とか寿命は数値化できますけど自己実現の度合いなんて数値化できないですからね。そうなると数値化できない質的なモノサシで問題を把握することが必要になるわけですけど、これはやっぱりサイエンスではない、人文科学的なセンスが必要になってくると思います。

量はわかりやすいですからね。ベンチマークとして「先進国のなかでわが国の乳児死亡率がいちばん高い」という話をすれば「それはまずいよね」「じゃあここまで生存率を引き上げましょう」という話になるわけで、統計の基礎的な知識やスキルがあればよくてセンスは必要ありません。一方で量で把握できない問題を問題として捉えるにはセンスが必要になりますね。「日本の町並みには美しくないから広告看板を規制すべきだ」という話になっても、「美しくない」ということを数値化できないわけで、なかなか収束しません。

「論理《スキル》」は常に「直観《センス》」を必要とする

楠木　よく論理と直観を対立させて考える人がいます。両者はそれぞれに異なった性質を持っているのですが、実際に頭を使って仕事をする人からすれば、〝論理は常に直観を必要とする〟というのが本当のところだと思います。つまり、出発点においては問題を発見・設定するためには必然的に直観が求められる。これは「論理と直観、両方とも必要」というような単純な話ではないんです。順番の問題としてまず直観がなければ論理というのもあり得ない。

例えば「デザインシンキング」みたいなことを、かなり無理やりスキル化していくというか、エンジニアリングの問題に落とし込んで手法化していくということについて僕はやや懐疑的です。結局、論理というのは「XであればあるほどYになる」というように、あるものとあるものの関係を考えるということです。ところが世の中には無限の構成概念があるわけです。無数の構成概念のなかからXとYという二つをなぜ持ってきたのか。そもそも「このあたりがキモだな」と考えるからこそですよね。この〝アタリ〟をつける作業は直観です。スキルというよりもセンスの世界なんですよ。
　で、それが特定されたら、その間の関係についての論理はサイエンスやスキルによって考えられる。そこには定型的な方法があるから、それはそれで習得しておくに越したことはない。でも、やっぱり起点において直観がないと論理はそもそも作動しない。

　サイエンスの本丸にいる科学者で同じ指摘をしている人は少なくありません。僕は小林秀雄の『直観を磨くもの』（新潮文庫）という本が好きで読み込みました。稀代のセンス派論客、小林秀雄が三木清、大岡昇平など12人の同時代人と縦横に語り合った対談集です。その中で湯川秀樹先生が言っています。「わからないことを探求している。いろいろ理窟は言うているが、結局直覚しかない。直覚力の発達した人はいちばんいい出発点をパッとつかむ」。起点はセンスにあるんですね。

　先日、やはりノーベル医学生理学賞を受賞した医学者の本庶佑《ほんじょたすく》先生とファーストリテイリング会長の柳井正さんとじっくりと鼎談する機会に恵まれたのですが、本庶先生も同じことをおっしゃっていました。「何を知りたいか」――これがいちばん大切な問いだとおっしゃるんです。まずは何を知りたいかを知らなければならない。ここに科学者の生命線があるのだけれど、それは体系的に教科書で勉強しても出てこない。教科書を疑わなければならない。最新のテクノロジーを応用すればサイエンスのフロンティアはどんどん広がっていくけれど、いくらテクノロジーが進歩しても「何を知りたいか」に対する答えは教えてくれない、と本庶先生はおっしゃっていました。それを受けて柳井さんいわく、「ビジネスもまったく同じ。拠って立つコンセプト、商売の元をつくらなければ何も始まらない」。要するに、起点にはスキルではなくてセンスがあるということです。

分析と綜合という対比にしても同じようなことが言えると思います。ちょっと考えてみれば、この二つは分かち難い関係にある。分析を一言で言うと、「分ければわかる」っていう考え方ですよね。だけど、見過ごされていることとして、全体をどういうふうに分けるのかっていう問題が分析に先行してあるはずです。その分け方というのは、あからさまにセンスが問われるところだと思います。

山口　まったくそうですね。ここはよく誤解されている点だと思うのですが、分析にいちばん必要なのはセンスなんですよね。なぜセンスが必要かというと、悪さの原因を直観的につかんでいるからこそ、「意味のある分け方」ができるようになるからです。

ある繊維工場でなかなか製品の品質が安定しないという問題があって、どこかのラインに問題があるのか、どこかの工程に問題があるのかと分析してみたけれども、これといった原因がはっきりしなかった。このとき、不良品の出ている日とその日の天気の関係を調べたエンジニアがいて、不良品は必ず大雨の日に出ていることを把握したんですね。この工場は繊維を洗うための水を川から取水していたんですが、大雨のときは川の水分中のミネラルが増えることで問題を起こしていたんです。この分析は「繊維の品質は天気に関係しているんじゃないか」という直観が先に立たなければ、やりようがありませんよね。

楠木　レゴブロックみたいにあらかじめ決まったパーツへと自動的に分けられるようにできている問題は現実にはあまりない。どんな分け方をしても必ず無理や無駄が生じることになる。そこで、もっとも意味のある分け方にするというところにその人の頭の真価が問われる。独自の問題解決ができる人というのは、この局面でユニークな分け方をする人です。

　分析しかできない人は初めに「あらかじめ分けておいてくれ」ということになる。「分けた要素を全部机の上に載っけてくれたら、その間の関係は論理的に考えられます」と言うのは、実際には問題解決に必要な全作業の1割ぐらいしかできていないと思うんですよね。

山口　やたらめったらと分析しているけれども、これといった示唆や洞察が得られないという人はたくさんいますよね。成果につながらない不毛な作業で、僕はこれを「クソ仕事」と呼んでいますが。問題解決における分析でいちばん大事なのは「これが原因じゃないか」というインスピレーションで、要するにセンスであり直観ですね。この「スジのいい直観」があれば、非常にシンプルな分析イッパツで強烈な説得力を持つことができる。

センスの劣後と日本人の「因果応報」世界観

楠木　山口さんのご本を読んでいて印象的だったのは、分析という言葉ひとつをとってみても、本当に仕事ができる人は山の両側からトンネルを掘っているという話がありましたよね。

山口　はい。先ほどの話にもつながるんですが、分析というのはボトムアップですね。いろんな軸で切ってみて、ああでもない、こうでもないと試行錯誤しながら考える。一方で「これが原因じゃないか？」という直観から考察をスタートするのはトップダウンだということになります。直観に基づいて、これをどう証明するかという「穴掘り」と、とりあえず手元のデータをいろいろと分けて考えてみるという「穴掘り」、その両者がつながることで原因が鮮やかに特定される。この営みを指して「山の両側からトンネルを掘る」と表現しました。

楠木　要するに、常に全体というのがあって、全体を手に入れるための最終的な仕事の仕上がりイメージというのが見えていて、それに向けてこういうふうに分けたらいいなということで全体を部分に分けていく。ですから「私は綜合派」「私は分析派」とか、「私は直観派」「私は論理派」っていう分類自体が眉唾物です。世の中の人々は、どちらもある人とどちらもない人、あっさり言えば「できる人」と「できない人」に二分されるのではないか。だから、結局のところこの本のテーマ、「仕事ができるとはどういうことか」という問いに回帰するわけです。

山口　分析そのものはスキルでできると思うんですけれど、それだけで分けてしまうと統合ができないんですよね。山の片側から穴を掘るだけになるので、どこに開通するかわからない。

楠木　そうなんですよ。

山口　分析はボトムアップ、統合はトップダウン。センスと直観で統合のイメージを描きながら、どういう分け方をすると最後にトンネルがつながるかを考えるわけで、つまり分析という作業に入る前に実は統合のイメージがあるということなんです。この点においてはＢＣＧ（Boston Consulting Group）とマッキンゼーでもかなり毛色が違っていて、僕から見るとマッキンゼーは「直観のイメージ」を比較的軽視する傾向がありますね。一方のＢＣＧは最後の出口のイメージを持ちながら分析をすることを重視します。だからコンサルティング会社のくせに「センスがいい」とか「悪い」という議論をすごくする会社なんですよ。

楠木　初期の小さかった頃のBCGがよりそうだったのかもしれないですね。

山口　そうですね。僕がいた頃よりもかなり規模が大きくなりましたから、どうしても言語化できるスキルに頼って人材を育成するという考え方になりますね。

楠木さんがおっしゃられていたことで、スキルとセンスでいうとどうしてもセンスが劣後してしまうというのは、努力が報われるというある種の世界観みたいなものもけっこうかかわっているのではないかという気がしているんです。努力が報われるというのは公正世界仮説とも言えるし、もっと極論すると仏教の因果応報という考え方にもある。だから努力は報われるというふうになったときにはスキル開発という方向に向かうという、ある種の価値連鎖というか、価値観に基づく行動の誘発というのが何かあるんじゃないかなという気がちょっとしているんですよね。

一方でキリスト教のプロテスタントが信奉する予定説というのがあって、これは要するに神の救済に与《あずか》れる人かどうかというのは、生まれつき決まっていて、本人が善行を積むとか悪行を重ねるとかは全然関係ない。どんなことをしても天国に行く人は天国に行くし、地獄に行く人は地獄に行く。極論するとそういう考え方で、それが教義として受け入れられちゃっているわけです。フランスの神学者で宗教改革の指導者だったジャン・カルヴァンの考え方なのですが、これはもうある意味〝ぶっちゃけ話〟ですよね。

センスが大事という言い方をすると、ある種の道徳律を持っている人からすると、たぶんそれは救いがないように聞こえるんだと思うんですよね。一般的な考え方として、スキルは努力によって高められるけれども、センスは難しいという感覚があると思うんですが、センスが劣後してしまうのは、日本人の因果応報という考え方が根底にあるのかなと。

〝直観主義〟小林秀雄は批判され、〝努力の人〟矢吹丈は愛された

楠木　例えば、先ほども触れた文芸評論家の小林秀雄は、同時代人から「天才主義」「直観主義」とさんざん批判されました。どういう批判かというと、フーテンの寅

さんじゃないですけど「それを言っちゃあ、おしまいよ」。「努力が報われないのならばどうしたらいいんだ」「それを言っちゃあ、おしまいじゃないか」という。それで小林秀雄は「反知性主義」と言われた。

要するに月光仮面みたいな話で、センスというものには「どこの誰かは知らないけれど、誰もがみんな知っている」という面があるんです。言われればわかるけれど、「見せてくれ」って言われても「これだよ」というふうになかなか見せられない。で、仮面を剥ぐと寅さんが出てくる。「それを言っちゃあ、おしまいよ」。

山口　あと僕は改めて、なぜ『あしたのジョー』で矢吹丈は負け続けるのか、ということを考えるんですね。力石徹とジョー、あるいはホセ・メンドーサとジョーを比較して、ジョーが努力で負けているわけでは決してない。最後は命を落とすわけですからね。それほどストイックに努力している。なのに負ける。有り体にそう描かれているわけではないんですが、結局はセンスがないんですね。だからあれは本当に悲劇なんですよ。そういう悲劇がなぜあれほど受け入れられたのかというと、みんな「俺たちはジョーと同じだ」と思っているんじゃないでしょうかね。結局のところ、どんなに地道にやってもセンス一発で頭をヒューと通り越していく奴には勝てない。

これは『巨人の星』でもそうなんです。星飛雄馬の大リーグボール1号って、打者が構えているバットに当てて、内野ゴロにして打ち取るという魔球なんですけど、なんであんな素っ頓狂にアクロバチックなことをやり始めたのか。ちゃんと梶原一騎の原作に書いてあるんですが、星飛雄馬はものすごい努力の末に素晴らしいコントロールを身につけるんですが、高校からプロになるときにある予言を受けるんですよ。それはどういう予言かというと、本質的に球が軽い、だからプロでは通用しないという予言なんです。

楠木　球の軽さはいかんともしがたい。

山口　果たせるかなデビューの試合で、星飛雄馬はポーンとホームランを打たれてしまう。確かに球は速いしコントロールはいいけれども、プロのバッターからするとそれは打てない球じゃないし、球が軽いので当たれば簡単にスタンドに運ばれてしまうから、このままでは通用しない。そこで驚異的なコントロールでもって、構えたバットに当てるという戦略をとった。球は軽いのでバットに当たるとポーンと内野ゴロになる。そういうロジックなんですね。

楠木 それは知りませんでした。そんなことよく考えたなあ。ロジック以前のセンスがイイ（笑）。

山口 『巨人の星』は『週刊少年マガジン』（講談社）に連載されていました。当時の人気漫画って、才能のない努力家が努力でどこまでいけるかというのがテーマなんですね。そして、「天才型対努力型」という構図なんです。

楠木 『巨人の星』で言えば花形満ですね。

山口 そうです。もう生まれつき認められていて、家の中にバッティングの専門トレーニング施設を置いちゃうような。星一徹の家では掘っ建て小屋の壁にボール大の穴が空いているだけです。

楠木 その穴に向かってボールを投げて、家の外にある木に当ててボールが戻ってくるという。

山口 要はそれもスキルなんですよ。球質は変えられない。でもコントロールは鍛えられる。その因果応報説をちょっと思い出したんですね。因果応報というベーシックな世界観ですよね。頑張れば報われるという。

弱い人ほど「法則」を求める

楠木　スキルとかサイエンスというのは、常に価値基準が外在的にはっきりしているので、すごくいいところもあるんですけれども、それゆえの限界もある。「個性の時代」とか「多様性の時代」などと言いながら、一方で「スキルが大切です」というのは、一歩引いてみればけっこう矛盾を含んだ話なんですよね。

山口　確かに、多様性や個性とスキルは折り合いが悪いですよね。

楠木　なぜ折り合いが悪いかと言えば、山口さんもおっしゃるようにスキルとかサイエンスというようなのは、本質的にコモディティ化していきますからね。誰がやっても一緒になってしまう。

山口　収斂しますよね。やっぱり。

楠木　サイエンスというのは、定義からして普遍的再現性や一般性を目指しますね。

$E=mc^2$というのはいつどこで誰がどういう気分で自然を観測しても$E=mc^2$になる。その時の気分次第で三乗になったり、場所によっては四乗になったりということはありません。「人に拠らない」というのがサイエンスの本質です。サイエンスというのは再現可能な法則の定立を目指している。

山口さんが強調しているようなリベラルアーツというのは、要するに「自分の価値基準を、自分の言葉で、自分以外の誰かに説明できる」ことですよね。自分自身で形成された価値基準があるということ、それに自覚的であるということ、これがすなわち「教養がある」ということだと思います。どんなに多くのことを知っていても、世の中に流通している出来合いの価値基準に乗っかるだけでは教養とは言えない。教養形成の本質はアートでありセンスにあります。

ひとつの問題として、やたらに「コレクトネス」が求められる時代になったということがあります。昔だったら「そんなこと言ったってしょうがねぇだろう」というような考えを、今は誰もがすぐに可視的な形で発信できる。情報の流通コストが急速に下がって流通スピードが上がっている。そういう世の中になると自分で確立した価値基準がない人、あっさり言えば教養がない人は、さまざまな局面で外在的な正しさをやたらに気にする。

しかも、発言や反応するにしても、せいぜい140字なのでまともな対話や議論が成立しない。「ダサっ」とかそういう返しになる。そこにはロジックも何もないんですね。

山口　どうしても目が粗くなりますよね。

楠木　コミュニケーションをするときに、今そこにある出来合いの価値基準に乗っていかないと自分にとって不利益が大きくなると考えてしまう。これは「教養の喪失」というか、「教養の放棄」だと思います。自分なりの価値基準がないから、どんどんどんどん外の価値基準に乗っていく。そういう人にとってサイエンスが提供してくれる法則はものすごく快適だと思いますよ。

山口　自分の価値基準を内在的に持っている、それがブレないというのが教養の条件ですからね。

楠木　サイエンスは原因と結果の関係がかなり確からしく証明されているので「こ

れがよいものである」と言いやすい。弱い人、不安な人ほど法則を求めるという傾向があるように思うのです。もちろん科学的法則それ自体には価値があります。ここで僕が問題視しているのは、自分の仕事とか日常生活の価値判断をやたらと法則に求めるという傾向です。自然現象は別にして、人間の行為や社会現象についての自然科学ほどすっきりした一般法則は成り立たない。法則を適応するにあたって、自らが置かれた状況や文脈に目配せしなければならない。ところが、そうしたことを深く考えず、すぐに法則に正解を求める。

山口　価値基準を外側のサイエンスに求めれば、いろんな場面に対応もしやすくなるしケンカも起こりにくくなりますからね。

「好き嫌い」の問題を「良し悪し」へ強制翻訳

楠木　サイエンス的なケンカというのもあって、それはどちらが正しいのかという話。天動説が正しければ地動説は否定されるし、逆もまた真なり。

一方で、センスとかアートと言うときには、アート的な、センス的な平和というのがあって、「それはなんか趣味じゃねえな」「俺とは関係ねえな」「これは自分と違うな」と言って放置しておけばいい。僕の見立てで言いますと、今の日本社会のひとつの問題は、本来は千差万別、好き嫌いであるはずのセンス的な部分を無理やり良し悪しで斬ろうとしがちだということ。好き嫌いの問題を良し悪しの問題に強制翻訳してしまう。これが不毛なケンカをもたらす。

みんな口では「多様性が大切だ」と言うくせに、自分と違う意見や価値観に直面すると、「どっちが正しいのか」「あいつは間違っていて、自分が正しい」となる。ジェンダーや国籍といった人口統計的な多様性については大歓迎なのに、肝心の価値観の多様性については心が狭い。社会に多様性が大切だとしたら、「組織に多様性なんか必要ない」という意見があってしかるべきなんですね。そのほうが社会の多様性は増大するから。多様性を叫ぶ人ほど価値観の多様性を認めないという「多様性のパラドクス」がある。これもコレクトネス過剰社会のひとつの現れですね。

山口　そうですね。

楠木　一言「いや、人の好き好きだからね」「ああ、そういうご趣味なんですか。

僕は違います」だけで済む話なのに、そこに無理やり普遍的な価値基準を持ち出して、いいだの悪いだの言う。実に虚しいことです。

山口　そうですね。それだけみなさんストレスが高まっているのかもしれません。

楠木　「気持ちよく放置」とか「尊重するけど無関心」という構えが大切だと思います。「天丼とカツ丼、どっちが好き？」というときに「僕は天丼」「いや、私はカツ丼」というだけ。話はそこで終わりのはずです。

それが今はなぜか良し悪しに強制翻訳されて「天丼なんてこのグローバルなデジタルな時代に何を言ってんだ！」とカツ丼派が言っているみたいなことになっている。「いいじゃねぇか、好き嫌いなんだから。お互い好きなもん食べてろよ」と思うんです。で、なぜそういうふうになるかっていうと、要するに暇だからではないかと。「忙しいんだか暇なんだか、わからない問題」っていうのがあって。

山口　ケインズが予測した、一日3時間労働で済むはずなのに、みたいな話で。

楠木　そうです。先ほど話に出た「役に立つ・役に立たない」の話にも関連してくるのですが、さまざまな問題がおかげさまで解決されて、昔の人から見たら、現在、人類は絶対、暇になっている。僕にとっての昔の人のモデルというのは107歳の祖母で、まだ生きている。彼女は長い時間幅の社会変化というのを生身で経験しているのでわりと参考になるんですよ。彼女に「これまでの人生で最大のイノベーションって何?」って聞いたら、即答で「電灯だ」。

山口　なるほど。いくらインターネットとかいっても電灯のインパクトにはかなわない。

楠木　で、「それは、どういうことなの?」って聞いてみると、とにかく当時、普通の農業をやっている田舎では家族総出で労働しなければならない。お洗濯も洗濯板ですから。水道もないから水は井戸から汲んでくる。ご飯を炊くのにも薪を割ってかまどにくべてっていう、そういう世界じゃないですか。みんながそうやって家事労働を分担して生きているなかで、いちばん幼年でやる最初の家事労働はランプの煤《すす》取りだったそうです。電灯が出てきてこの朝の労働から解放されて、もうちょっと眠れるという喜びとか、電灯の下で夜中でもお母さんが針仕事ができることになったとか、こうしたことによって生まれる家庭のゆとり。とにかくもう電灯は生活が変わった、強烈なインパクトだったたって言うんですね。

現代のわれわれはそうした技術革新の恩恵によって基本的に暇になっている。ところが、主観的にはいつまでたっても忙しい。物理的に余儀なくされている活動が少なくなってきたのは間違いないんですね。洗濯板とか水汲みがなくなったときに、「衣食足りて礼節を知る」という方向にいくのか、それとも「小人閑居して不善をなす」という方向にいくのか。ここに社会やその人の分かれ目があると思うんですね。

ネット言説には「小人閑居して不善をなす」の方向に転がっていく面がある。考えてみればスマートフォン、あれは最強の暇潰しツールですからね。テレビが出てきた時も同じような議論がありましたが、テレビの比じゃない。いつでもどこでも触れますからね。さまざまな物理的問題が解決して、本当は暇で暇でしょうがない人々にとって、天から降ってきた恵みの雨のようなものです。とにかく常時いろんな情報に触れている。本来であれば〝尊重するけれども放置〟というモードで受け止めるべきことなのに、自分自身でつくった価値基準がない人が「どっちが正しいんだ」「お前は間違っている」とインスタントに反応するんですね。

山口　なるほど。

楠木　〝尊重するけれども放置〟ということで言えば、面白い話があります。先ほどスーパーカブの話がありましたが、それをつくったホンダの創業者・本田宗一郎と彼の右腕だった藤澤武夫という人は、なんとも言えない不思議な関係にあったんですね。

　ホンダが大会社に成長してからはもうほとんど二人で会話をしなかったというんです。「会社を創った頃にもう一生分話し合ったんで」というんですが、これって端的に言うと、「気が合わない」んですよ。全然違ったセンスで気が合わない。

山口　だからペアとして素晴らしかったというのもあるでしょう。

楠木　そのとおりです。最強のコンビですね。その後、いろいろとあってお二人は同時に退任するんですけど、お互いに仕事を離れて第一線を退くと、本田さんはあいう方なんでもういろんな世界の人と社交して、いつも本田さんの家にはいろんな人がワイワイと集まっている。でも藤澤さんは、本田さんが開いている社交の会に絶対に行かなかった。
　不思議に思った人が「藤澤さん、あれだけ二人でやってきてなぜ本田さんの集まりに行かないんですか?」と聞くと、藤澤さんは一言、「俺の趣味ではない」。僕はこの話が大好きなんですね。趣味じゃないんだ、それでいいんじゃないかというのが、僕の考えるセンスの平和的なところなんですよね。戦争にしても、だいたい「良し悪しの人」が始める。

山口　そうですね。だから、「良し悪しの人」はやっぱり排他的、エクスクルーシブというか、何か両立できない考え方をしますよね。

楠木　そうなんですよね。いいものから悪いものまですべてをひとつの次元で並べるので、どの二つを取っても優劣がはっきりしちゃう。だからやっぱり競争的になるし、他者が気になってしまうし、排他的になる。

センスにも「序列」をつけたがる日本人

山口　優劣をつけたがるというのは本当にそうです。日本人はセンスにも序列をつけたがる傾向がありますよね。センスなんて好き嫌いでよくて、それこそ「趣味か、趣味じゃないか」ということなんだけど。例えば服だったら、これがいちばんおしゃれとか、レストランだったらここに行っているのがいちばんスノッブなんだみたいな、全部に序列をつけたがりますよね。センスに序列をつけると、これはもうセンスではなくてスキルであり、サイエンスになってしまいますね。

楠木　そうなんですよ。それが「アート→サイエンス」「センス→スキル」「好き嫌い→良し悪し」という強制翻訳なんですよね。そうすることでものすごく重要なものが失われているという気がします。ランキングとかみんな大好きじゃないですか。

山口　好きなんですよね。センスにランクをつけるっていうことが。

楠木　それこそ個人の好き嫌いなんですけれども、僕はスポーツが嫌いなんですよ。スポーツという概念にあまり馴染めない。なぜ自分はこんなにスポーツが嫌いなんだろうというのを子どもの頃に思わざるを得なかった。

山口　じゃあ、筋金入りのスポーツ嫌いなんですね。子どもの時から体育が嫌いだったんですか？

楠木　例えば部活動みたいなのが昭和の中高生だと学校生活のアイデンティティになっていた。サッカー部の××君とか、野球部の△△君みたいなのがかなり重要な意味を、今よりも重く持っていたのかなっていう時期ですよね。これが嫌で仕方がなかった。

山口　わかります。

楠木　薄々スポーツが嫌いだということはわかっていたけれど、僕も何かのクラブに入らなきゃいけないと。ただ子どもの頃で知恵が足りなかったので、団体競技が嫌なのかなとか思って、個人競技だったらまだいいかもしれないと柔道部に入ったんですね。これがひたすら勘違いで、とにかく嫌で嫌ですぐに辞めちゃったんです。なんで自分はこんなにみんなが取り組んでいるものが嫌いなのかなっていうのを、やっぱり考えざるを得なくて。だんだん本質が見えてきたなと思ったのですが、ひとつはやっぱり事前にルールが設定されているということなんですね。

山口　それはスポーツだからそうですね。

楠木　しかも、先ほど話したひとつの次元での競争になる。だから隣り合った二者を挙げると必ず優劣がある程度はっきりする。これを総称して「スポーツ」というならば、ゲームもスポーツなんですよ。ダーツとか、オセロゲームとか、事前にルールが設定されていて。最近は〝eスポーツ〟とか言いますね。

僕はそういうのがことごとく嫌で。だからゲームも弱いんですね。当時はテレビゲームが家庭になかったので、将棋とかそういうゲームですけど、好きじゃないんでいつまでたっても強くならない。一方で、ずっと好きなのは音楽です。スポーツが嫌いなのになんで音楽はこんなに好きなんだろうと考えると、それはゲームの条件の逆になっているんですよ。事前にルールが設定されていないとか、良し悪しが人の認知に依存しているとか、ひとつの次元では優劣を序列化することができないとか。

スポーツって、やっている最中はみんなけっこう真剣な顔をしているんですけど、音楽を演奏しているときには、だいたいみんな笑っているじゃないですか。僕は笑いっていうのを重視するほうで、文章を書くにしてもそうなんです。笑いの中に真実があるんじゃないかなと考えている。こういう自問自答を続けていくと、自分の好き嫌いがまあまあ言語的に、しかもわりと高い抽象度でいろんなものを見るときに使える基準として自分の中に生まれてくる。ただし、それはあくまでも好き嫌いですから。「いや、俺、スポーツ大好きでさぁ」っていう人がいても、それはまったく争うようなことはない。これほど生きやすい世界はないと思っているんですけど、なぜか「ランキング」に持っていきたがる人は多いんですよね。

「アスリート型ビジネス」と「アート型ビジネス」

山口　僕はビジネスのなかにも、アスリート型ビジネスとアート型ビジネスの二つがあると思っているんです。数値化してどっちが勝った、負けたと比較できるビジネスというのは、まさに役に立つ方向で戦うビジネスで、これは全部アスリート型ビジネスだと思いますね。

例えば検索エンジンというのは、とにかくいい検索結果を返してくれればいいわけです。「何かちょっと変なんだけど、そこにまた味があって」みたいな検索結果というのは求められないわけですね。

楠木　グーグルは近代五種の金メダリストみたいな。

山口　だからあの会社は、グローバルのシェアが90パーセントとかになっているじゃないですか。ビジネスもある種のルールがあって、売上げとか企業価値ということで勝ち負けが外在的に決まってということだとすると、これはかなりアスリート的だということになります。

楠木　最後はそうですね。ただし、そもそもビジネスはスポーツとは違うのかなと。スポーツの譬《たと》えでビジネスを考えようとする人の根本的な誤解は、スポーツは勝ち負けが事前にルール上で定義されていますから、誰かが勝てば誰かが負ける。アスリート的なビジネスはこれに近いのですが、本来のビジネスはそれぞれが戦略を持って相互に差異をつくっていく。結果として、ひとつの業界で同時に複数の勝者があり得るんですね。

例えば、同じ洋服の業界ですけれども、現時点で言えばZARAもユニクロも「勝者」ですね。もっと小さなブランドでうまくいっているところも勝者かもしれない。それを例えば時価総額とかそういったある種の物差しを当てたときにどちらが大きい、小さいはあったとしても、それだから負けていることではない。この点で、商売はスポーツとは似て非なるものですね。

山口 そこですよね。やっぱりユニクロというのはファッションのビジネスをやっているのでアート型ビジネスじゃないですか。その一方でアスリート型ビジネスをやっているＩＣチップの会社とかがある。

楠木 そうですね。だからＡＭＤ（Advanced Micro Devices）などはインテルに対して、シェアで勝ってる感、負けてる感というのはあるでしょうし。

山口 ありますよね。

楠木 「グーグルにボコボコにやられて……」とかいう表現がしっくりくる。

山口 だからビジネスのなかでもその二つのフィールドがあって、戦場そのものが国ごとに閉じていた１９９０年代以前の状態であれば各国ごとでドミナントプレーヤーが４社か５社生き残れるっていうアスリート型だったのが……。

楠木 アスリート型でも生き残れた。

山口 これがグローバル競争になったときに世界中で３～４社しか残れません、みたいなことになると、やはりものすごい競争原理の厳しい世界になっていくんだと思うんですね。

楠木　そうですね。

山口　そのなかで健全に生きるには、よほどの強度を持った人じゃないと難しいと思う。だからアスリート型ビジネスでずっとやってきた日本の家電の会社というのは次々に潰れましたよね。三洋はなくなり、シャープがダメになってというふうに。あれは結局、市場がグローバル化することによってローカルマーケットで生き残ることができるアスリート型ビジネスというのが、どんどん少なくなってきているからだと思うんですけど。

　そうなると本当にその船の中で一生ハムスターみたいに回し車をクルクルと回していくのか、あるいはまさにストーリーが戦略になる領域のアート型ビジネスのような、ポジショニング次第で棲み分けができるという世界にいくのかというのが、今の日本人の多くが向き合わなければいけない問いだと思うんですね。

楠木　ゲームが好き、アスリート的ビジネスが好き、事前のルール設定があるなかで競うのが好きという人は、これからもぜひそっちでやってくださいと。

山口　どうぞ好きなようにしてください、ですね。

楠木　ただ問題は、本来はそうじゃないのに、何かそっちのほうが本格派で、正統派で、王道でグローバルでというように考えてしまって……。

山口　まあ、グローバルって言いますもんね。

楠木　あくまでもカギ括弧つきの「グローバル」なんですが、そうなると好き嫌いのほう、つまりアートだとかセンスが過小評価されるという成り行きになる。

日本でアスリート型ビジネスが優位だった理由

楠木　昭和の高度成長期に成長した日本の企業は、確かにアスリート的な競争の分野で成長し成功したんですけれども、それは日本の文化というよりも、単なる経済のフェーズに起因していた思います。高度成長期は基本的にアスリートが前面に出てくる条件が整っている。

中国のテンセントグループ、とにかくあれだけ資本があるので、めぼしい会社は全部買っちゃう。B to Cの事業を中心にさまざまな企業を買収している。日本もそうでした。明治時代の経済勃興期に巨大な企業グループ、財閥みたいなものが出てくるっていうのは自然な成り行きですね。中国でそれが今起きている。アリババとテンセントはかつての日本の三井と三菱みたいな財閥的拡張をしていますね。岩崎弥太郎とか渋沢栄一みたいな話ですよ。毎週会社を買っている。

この前、テンセントグループの事業会社の経営者たちがみんな日本に来るから、一度話してくれというオファーがあったんです。「いや、そういう成長期の経営者はイケイケどんどんで、僕が考えるような競争戦略はそれほど意味を持たない。あまり適任じゃないと思う」と言ったら、「いや、これからいよいよ中国においても成熟というのが本当にリアリティを持って目前に迫ってきたので、改めてその辺の議論をしたい」というリクエストだったんです。で、実際に会って話してみると、もうみんなバリバリのアスリート。「オレの会社は時価総額が今いくらだ」とか、「去年よりも業界の順位が3つ上がった」とか、そんな話ばかり。

山口 「タイムをどれだけ縮めたぞ」みたいな。

楠木　本当にスポーティなんですね。やっぱり高度成長期というのはどこの国や地域、文化においてもそういうものだと思うんですよ。でも、経済とか市場というメカニズムには成長という変数が内在的にはありませんから、中国も必ず成熟期を迎える。

高度成長期とは人間で言えば青春期のようなものです。そちらが異常というか特殊な時期で、成熟期の今が定常状態だと思うんですけど、日本の大きな会社の意思決定の中枢にいる人は「脳内高度成長期おじさん」が少なくない。「高度成長期体質」というか。

日本は「長い過渡期」にあるんですね。それにしても長すぎる。客観的には人口減で成熟しきっていることがわかっているのに、まだ体の奥底に高度成長が残っている。アタマではわかっているのにカラダがついていかない。だから、高度成長期が終わって何十年もたつのに、いつまでたっても「右肩下がり」とか「閉塞感」とかぶつぶつ言っている。せめて「左肩上がり」と言っていただきたい。同じですけどちょっとはポジティブに聞こえる（笑）。要するに本当は経営力の不全なのに、環境のせいにしているんですね。

高度成長期の企業は大型帆船のようなものです。とにかく環境の追い風が吹いているから、大きな船で大きなマストを揚げれば勢いよく前に進んでいく。ただ、みんな同じ方向に進んでいく。だから、どっちがデカいとか、どこが一等なのかというアスリート的な思考になる。今の成熟した日本で必要とされる企業は、帆船ではなくてクルーザーです。ガタイはそれほどデカくなくても、船の中に原動機がなければいけない。しかも、キャプテンがどの方向に行くのかを自分で決める。だから、それぞれが違った方向に進んでいく。

つまりは、本当の意味での経営力や戦略が問われる「当たり前の時代」になったというだけの話です。右肩下がりとか不平不満を言う前に、社会と顧客にとってなくてはならない独自の価値を生む商売をつくればいいだけなんです。ヨーロッパだともっと成熟先進国というか、古くから成熟しちゃっているので、高度成長期体質の会社や脳内高度成長期の経営者は少ない。ドイツやスイスの優れた企業に学ぶ点は多いと思います。

山口　東芝のようなアスリート型ビジネスというのは1万人でやる綱引きみたいなところがあったんだと思うんですよ。そうするとやっぱり同質性が高くて、みんな同じ民族で、同じ価値規範を持っていて、それが「いっせーのせ」で動いて、それでものすごくクオリティーの高いものをつくっちゃうというようなところはあると思うんです。

多様性に関する研究はいろいろあって、これをプラスだと言う人とマイナスだと言う人がそれぞれいるわけですが、要するに創造的に問題解決をしていくというような営みにおいて多様性はプラスになるけれども、みんなで足並み揃えて実行していくっていうようなときはマイナスに働きがちで、そういう意味で言うと高度成長期の当時においては、すごく同質性の高い組織なり社会なりというのが、アスリート型ビジネスには合っていたという話ですよね。

楠木　そうでしょうね。それでも、もうちょっと成熟していくとだんだんアスリート型というのは、少なくともその占める割合は減ってくるのではないでしょうか。

山口　そうですね。山の頂上はめちゃくちゃ狭いですから。

男のマウンティングは「スキル」に収斂する

楠木　少し話が逸れますが、「NewsPicks」という経済・経営ニュースのキュレーションメディアがありますね。「NewsPicks」が始まったころ、僕はちょくちょく相談を受けていた。

「NewsPicks」はスマホネイティブのメディアです。僕が普段書いたりしゃべったりする仕事のターゲットと比べると、年齢もずっと若い。そういう人が隙間時間にスマホの小さな画面でささっと読んでいる。そういう読者の志向や嗜好がいまひとつ肌感覚でわからない。「その辺を知りたい」と言ったら、「じゃあ自分で書いてみるのがいちばんいい」ということになった。読者のコメントがバンバンつくから、それを見ればだいたい読者の傾向もわかるんじゃないかということで。

そういう意図と目的で書いてみると、何を言っても「日本はダメ」というコメントが一定数あるんです。その論拠として何を参照しているのかというと、「シリコンバレーでは」とかそういう話なんですよ。「ユニコーン企業がどうこう」とか、そういうのがもう大好きなんですね。なぜなのかと考えると、動機としてはやっぱり基本的には「うっぷん晴らし」だと思うんですね。やっぱり若いと、なんだかんだ言っても不安だし弱いし傷つきやすい。うっぷんも溜まる。そうしたときに心を安らげるひとつの方法としては、「日本がダメである」「自分はそれで犠牲を被っている」「被害者である」というのが有効なんですね。「したがって、日本は変わらなきゃいけない」というようなロジックで、「ホリエモン、最高！」となる。ストレートな進歩主義ですね。彼らは「昭和のおっさん」を敵視するのですが、思考の構造としては「右肩下がりの閉塞感が……」とか言っているおっさん連中とそっくりなんですね。物事の成否の理由を外的環境に求めるのが早すぎる。

山口　まあ、うっぷん晴らしですよね。みんなマウンティングが好きですから。僕はいろいろな酒場でまわりの会話を聞いているのが好きなんですけれども、基本は三つなんです、男のマウンティングの仕方は。女性のマウンティングの仕方はちょっとよくわからないんですけど、男のマウンティングの仕方は三つあって、これはマックス・ウェーバーが言っていることに近いんですけど、ひとつは家柄なんですね。「うち、家がこんな金持ちで」とか「なんかうちの家系は徳川家につながるんだ」

とか、そんな話をしているんです。
それで、それにかなわない人間は別な攻撃を仕掛けるんですね。ひとつは偏差値。「俺、駿台模試で全国4位取ったもん」とか「あのとき偏差値78って出て、78なんて数字、本当に出るんだな」とかって言って、そうすると相手は黙ってしまう。

楠木　アスリート。すごくスポーティですね。

山口　スポーティなんです。だから家柄マウンティングで「こいつにはかなわねえな」ってなると大学とか偏差値を出す。それでも勝てないときには三つ目、「仕事で活躍している」という話で、これがもう要するにスキルなんですね。

楠木　なるほどね。

山口　「俺、こないだハーバードのMBA持っている奴と仕事したんだけど、やっぱ大したことねえんだ、あいつら」とか言っているわけです。それぞれ会話自体はみんな和やかにしているんだけど、マウンティングしまくっているんです。そして、そうやって一巡すると「岩崎ってさ、なんかあれ三菱だけど、三菱のあの紋じゃなくて家の紋っていうのは三つの菱が重なるんだ」とか、また家柄マウンティングに戻ってくるんですね。

楠木　なるほど。手を替え品を替え。

山口　そうやって今度はまたハーバードの話にいくといった具合で、みんなで飲んでいるんです。つまり「ヒエラルキー」がそもそも好きなんですね。みんないろいろと好き嫌いがあって、それぞれやっていればいいじゃないっていうのが何か嫌で、とにかく序列をつくって「俺はどの位置か」ということを決めたがるという構造の中に、やっぱりうまくはまっちゃうんだと思うんです、スキルのマウンティングというのは。

楠木　まあ、それはそれでひとつのモチベーションですからね。

山口　自己効力感というところで言うと、家柄は変えられないじゃないですか。どこかのなんとかさんみたいに詐称するとかだったら別ですけれど。それはちょっと問題があるわけで……。

楠木　「有栖川」を名乗る詐欺師が昔いましたね。僕の父の話なんですけど、彼が勤めていた会社で一緒だったお友達に松平さんと西園寺さんという名前のお二人がいました。お二人とも松平家、西園寺家の直系の方です。で、松平さんの奥様の旧姓は徳川。そういうことなんですね。父に連れられてお目にかかる機会がときどきあったのですが、子供心に「これは違う……」と思わされました。もちろん立ち居振る舞いが上品なのですが、それが異様に自然。一緒にご飯を食べにいくと、松平さんがお店の人に「俺のところ、おかずの量がずいぶん少ないよ。もっと入れてくださいよ」なんて言ったりする。衒《てら》いがない。こういうのは生まれで身についたものので、変えられないし真似できない。

山口　あと学歴も、今からは変えられない。

楠木　嘘つくしかない。

山口　だから結局、マウンティング合戦をやっていくというときに変数としていじれるのは、やっぱりスキルだけになるんですね。

楠木　消去法でスキルが残る。

山口　マウンティングのラダーの三つの競技種目があって、このなかでもチャンピオンはだいたい決まっていて、家柄というとまあだいたい「徳川家」とか「明治の

呼んで首尾よく取り込んだところうまくいった、というんですね。

外交官として成功するのは、だいたい基本、この三つの条件があると言っているわけです。これはやっぱりスキルじゃないんですよね。

楠木　スキルじゃないですよね。

山口　一方でパーソナリティでもないんです。そのよくわからないものを、とりあえず「コンピテンシー」と名づけようっていうのが発端なんですね。これを提唱したマクレランドは山っ気のある人だったので、会社をつくって、企業でも同じようなことができるんじゃないかということでやっていったことが、現在の人事におけるコンピテンシーの一般化につながる発端なんですけれども。

それはともかく、アメリカ国務省が最初に選抜の基準としていたのがスキルと知識だった。語学がわかって、行政知識もある。交渉術を学んでいるとかそういうことだったのですが、しかしそれは実際のパフォーマンスにはつながらなかった。

一方で性格特性みたいなものかというと、どうもそうでもない。何かその間に横たわる微妙な領域のところが実は重要だったというわけです。それをセンスと名づけるかどうかは別として、スキルやサイエンスだけでは測れないことのひとつの表れだと思うのです。

第二章　「仕事ができる」とはどういうことか？

労働市場で平均点にお金を払う人はいない

楠木　僕は「スキルはいらない」とは言っていません。スキルは必要です。スキルだけだとその人に固有の価値とはなりにくいと言っているだけで、スキルを否定するものじゃない。

「アートかサイエンスか」という話とは別に、「できる――できない」という軸がある。クリント・イーストウッドがいいことを言っています。「腕のいいバーテンダーの仕事はアートだけど、下手なヤツのはそうじゃない」。ここでは仕事ができるというのは、「その人じゃないと困る」とか「余人をもって代えがたい」という意味合いで話しています。「ああ、この人が来た。もう大丈夫だ」感。こういうレベルで「仕事ができる」という話なんです。イメージとしては、子どもの時にゲームとか球技で組分けをしたとき「あ、こいつがいるから大丈夫だ」「あいつと同じ組に入りたい」と感じさせる人がいますよね。あれです。ああいうのを念頭に「仕事ができる」と言っているんです。

スキルを高めれば仕事ができるようになるのか？　もちろんできるようにはなる

んですけど、それはその特定のスキルセットが対応した領域にはまったときに「できる」という話であって、必ずしも「仕事ができる」わけではない。

仕事ができるというのは、僕の考えはごくシンプルで、状況にかかわらず「人に頼りにされる」ということなんじゃないかなと思う。つまりバイネームで「あ、山口さんだったら大丈夫だ」とか、「もう山口さんじゃなきゃダメなんだ」とか。この人だったら大丈夫、どうしても必要とされているという状態が人として仕事ができているということです。

これはスキルの単純延長上には必ずしもない話だと思うんですね。スキルのある人は掃いて捨てるほどいます。「あれができる、これができる」と言っているうちは、まだまだなんですよ。それができる人、代わりになる人はいっぱいいる。このレベルだと、極論すればマイナスがないだけでゼロに等しい。そのゼロの状態からプラスをつくっていくというのが、その人のセンスに強くかかっている。これが本当に「仕事ができる」ということだと思うんです。

スキル稼業一本槍でいくと、途中まではわりと順調にいけるんですね。しかし途中で厚い壁にぶち当たる。当人は「スキルで突破できる」と思っていて、それがその人がスキルを身につける努力をする理由にもなっているのですが、いつかどこかで「あれ？　おかしいなぁ、こんなに頑張っているのに……」ということになる。

山口　これは僕もよく言っているんですけど、平均点にお金を払う人はいないっていうことだと思うんですよね。労働市場でお金が支払われるのは突出した強みに対してであって、楠木さんのおっしゃられたように、マイナスの凹みをゼロに戻すことによって平均点になりましたというだけではダメなんです。

これを料理屋で考えてみると、中華料理のスキルを勉強してメニューを通り一遍つくれるようになりましたと。じゃあ、それでお客が来るかというと来ないわけですね。少なくともファンはつかない。ファンがついて継続的に繁盛する店というのは突出した特徴、まさに「余人をもって代えがたい」特徴を持っているわけです。これは真似ようと思ってもなかなか真似できないわけで、やっぱり言語化できないからこその強みですよね。

楠木　そうです。

山口　料理学校でスキルを習得して、パスタもつくれるし餃子もつくれますよ、みたいな変なレストランがあったとして、どれもソコソコで一応はおいしいと。しかし、そこに人が来るかというと、まあ、たぶん来ないですよね。

楠木　餃子がつくれますよということでその人が選ばれるとしたら、とにかく人が足りないときですよ。その分野の人が足りないという状態ではスキルがものをいう。

例えば仮に世の中が異様な餃子ブームになって、餃子をつくる人の頭数が明らかに不足しているとなれば、餃子をつくるというスキルにあたかも大きな価値があるように見えるわけです。昨今のプログラミングのように「旬のスキル」というのはいつの時代にも必ずありますよね。そういった旬のスキルというのは何かの理由で餃子に対する需要が異様に高まっているようなものです。だから、多くの人が「ここは自分も餃子をつくれるようになろう」というスキルに目を向ける。

ところが、人間すぐには死にません。仕事は長い間続いていく。いずれは餃子をつくることのできる人が十分に出てくる。そうすると平均点にお金を払う人はいないということになる。

「やってみないとわからない」センスの事後性

楠木　意識しているのか無意識なのかは別にして、自分のセンスというものを後生大事に育て、磨きをかけていく。これがキャリア構築の実態だと僕は思っています。ただ、これの問題点を一言で言うと、やたらと「事後性が高い」んですね。

山口　予定調和というか、先見的に費用対効果を見極められないということですね。

楠木　そのとおりです。事前に目的と手段の因果関係がはっきりとわからない。ひととおりやって振り返ってみると「ああ、そういえばああいうことをやって、いろいろなことがあったから、いま自分のこういうセンスなりスタイルができているんだなぁ」ということが初めてわかる。そういう人が若い人に向かって「最後はセンスだよ」と言うと、「何を言ってるんだ、このおっさんは」というリアクションになるんですね。

人間にとって「事後性の克服」は永遠の課題です。読書にしても、なんで昔から人は本を読むのかというと、それが擬似的にではあるけれども、効率よく広範な経験をする方法だからです。読書は事後性の克服手段としてはとても優れています。

いろんな人がいろんな経験をする。そのうち、とくに意味があるものを取り出して人は本にするわけです。「今日のお昼はナポリタンを食べました」というようなどうでもいい経験はわざわざ本に書き残さない。自分で経験しなくても、過去の優れた人々の貴重な経験の上に乗っかって、「なるほど、そういうことか」——ここに読書のありがたみがある。

事後性というのは難物なのですが、漠然とでも事後性の克服が大切だという意識を持つ。これがとても必要なことだと思うんです。その意識がないと「今すぐに解決してくれ」「そのコツはなんですか?」「三つ挙げてください」とかいうことになる。

山口 最近よく聞きますね、それは。

楠木 「1分でわかる」とか。

山口 手っ取り早く答えを欲しがるんですよね。

楠木 文章が長すぎる、スマホで読みやすいように話をまとめてくれ、という声が出るのも、結局、全部根っこには事後性の問題があると思うんです。まとまった論理が入っている長い文章を読んだあとに、どういう得があるのか、事前にはわからないという。

よい本を読むのは事後性の克服に有効ですが、読書それ自体が事後性の高い行為ですね。読書が習慣になっている人にとっては、これほどコスト・パフォーマンスが高い知的活動はほかにはないぐらいですけど、それもまた事後に初めてわかること。まとまった本を読むこと自体に難しさを感じる人は読書の効用を体感できない。だからますます本を読まなくなる。事後性のジレンマから悪循環が生まれる。まずは四の五の言わずに読んでみるしかないんですね。そのうちわかってくる、としか言いようがない。速読術だのフォトリーディングだの、そういうことを言う人がいますが、ショートカットをしようとする人はいつまでたっても本を読めるようにはならないですね。

山口　努力もそうです。つまり、それをやることによって、ファイナンス的に言うとリターンがあるというので、そのネットプレゼントバリュー（正味現在価値）がどれぐらい高い努力なのかっていうのと必ず表裏一体になる。

楠木　面白いのは「努力の投入量がすごく大きいから大変だ」ということじゃないということなんですよ。ものすごい量の投入努力が必要だとしても、それが手段としてこういう成果なり結果をもたらしてくれるという因果関係が事前にわかっていれば、人は努力できるし、時間的にも耐えられるというか、続けられると思うんです。

　事後性というのは、そうした因果関係が事前にはわからないということですから、その努力をしたところでどうなるのか、何が返ってくるのかわからない。こういう局面では、実際はそれほど大きな努力を要することではなくても、すごくつらかったり、不安になったりする。これが事後性の難しさです。

山口　そうですね。リターンが非常にボラティリティー、つまり不確実性が高いとなると努力の総量そのものよりもその不確実性に人は苛《さいな》まれるっていうことなんでしょう。

楠木　そうなんですよ。昔の司法試験の勉強みたいな、難易度とか必要とされる努力量がものすごく大きなものでも、司法試験に合格するというはっきりした目的に対する手段になっている。だから、事後性は低い。試験に受かるのかなという「安心な不安」があるだけです。

勝間和代がブームになった理由

山口　僕も以前に「仕事ができること」の構造というのを考えようとしていたんですけど、なかなか答えが出ない。

楠木　みんなが仕事ができるようになりたいと思って、いろいろなものを読んだり見たり、何かインプットしたり努力を投入したりするのに、どうもパッとしないのはなぜか。なぜ、そもそも本当に仕事ができる人が常に稀少なのか。これが出発点にある問いだと思うんです。

山口　そうですね。でもまあ、電通時代の僕も全然できなかったですけどね、仕事。

楠木　僕も駆け出しの頃は、なんで自分はこんなにできないのかと思っていましたね。

山口　先ほどマウンティングの話が出ましたけれども、「仕事のできる人」が「仕事のできない人」をマウンティングして組み敷く状況がいろんなところで起きると、「仕事のできない人」は強烈なルサンチマンを抱きますね。ルサンチマンが生まれると、そこに大きなビジネスチャンスが生まれるわけですが、ここ10年でこのルサンチマンにいちばんレバレッジをかけたのが勝間和代さんだと思うんですね。でも最近はあんまり本を出さなくなっちゃいましたね。ビジネスのほうの話で言うと、ほぼ言い尽くしたということなのかもしれませんが。

楠木　勝間さんの本をそれほど読んだわけではありませんが、僕の印象で言えば、勝間さんは「スキルの人」ですね。スキルと法則の伝授。だからブームになるし、ブームになると人がどっと集まる。

山口　ＢＣＧの中ではキーワードとして「やっぱり、これウケないんじゃない？」って言うんですよね。「これ、悪いけどウケないと思うよ」という批判の仕方をするんです。正しいとか正しくないと言うのではないんです。「ウケない」と言うのがどちらかというと顧客目線だとすると、もうひとつは「ピンとこない」って言うんです。「なんかちょっとピンとこねえな、これ」って。あともうひとつは、やっぱりセンス。「あいつはセンスが悪い」とか「センスがいい」と言うのがあって。

僕は結局BCGにはあんまり長くいずに辞めちゃいましたけど、シニアパートナーをやっている方から「まあ、いろいろプロジェクトごとに凸凹はあるけれども、ずっといなさい」と。「それ、なんでですか」と聞くと「お前はセンスがいい」って言われたことがあるんですよね。そういう会話をよくしていたんですよ。それで自分も下の人間に対して「最後、パートナーになるかならないかはセンスなんで」ということはやっぱり言っていましたね。でもセンスの悪い人に「センスをよくしろ」と言ってもそれは厳しいから、センスのいい人のケースでないと使わないんですけど。

でもそんなBCGもやっぱり最後は徹底的にスキル評価なんですね。プレゼンテーションとかスライドライティングとか分析力とかでスキルのレベル設定があって、そのスキルがある程度のレベルにまで到達すると「はい、マネジャー」とか、「はい、パートナー」とかいうことになる。そうしてパートナーになると、今度はセールス力とか顧客のネットワークをつくる力とか。そうやって要素分解して全部スキルで規定されているんですけど、じゃあ、それでここが弱いからと言われて頑張ってその部分のレベルを上げて、それで仕事ができるようになるかというと、それはやっぱり〝まやかし〟なんですよ。スキルレベルというのはある種、デキの悪い人を落とすための方便のようなところもあって、まあこれも「それを言っちゃあ、おしまいよ」という話なんですが。

400メートルハードル・為末大に見る「身の置き場所」問題

楠木　スキル的な競争というのは「稀少資源の取り合い」ですね。典型的なのが、これからも残る仕事とか、AIが出てきてなくなる仕事とか、ああいう話。ある種の椅子取りゲーム。何かしらのジョブという稀少資源があって、それを取り合っている状態。スポーツでいうと世界に1個しかない金メダルを4年に一度のオリンピックで誰が獲るのかというのは、典型的な稀少資源の取り合いとしての競争ですよね。次期社長は誰か、というのも同じ。

これとは別に「比較の競争」というのがある。例えば子どもたちに野原で駆けっこをやるよって言うと、賞金とか金メダルとかはないのにワーッと走りたくなるっていう。これは比較の競争なんですね。動機が内発的。この二つの競争というのはそれぞれちょっと意味が違う。

左側の端に稀少資源の配分としての競争があって、真ん中に比較の競争があって、右の端に「趣味が合わねえな」とか、「あ、そういう人ですか。私は違いますんで」という、そもそも競争にうまく乗らない世界がある。この軸の左にいくほどスキル、右にいくほどセンスの世界になる。センスは千差万別なので、比較の競争も成り立たない。強いて言えば、過去の自分との比較の競争になる。つまり、自分で錬り上げていくしかないということですね。試行錯誤しながら自分の身の置き所を定めて、そこで自分に独自のセンスを深掘りするしかない。

山口　陸上400メートルハードルの為末大さんが、彼の哲学として「努力すれば成功する、は間違っている」と言ったことで炎上したりしていましたけど、彼が言うには日本のプロ野球って1軍登録選手が300人以上いて全員がプロとして食えているんですね。つまり、野球の場合は日本国内において上位300人の中に入ればプロとして食っていけるわけです。一方で陸上競技を考えてみると、例えば100メートルスプリントとか400メートルハードルで「僕は日本国内で250位です」って自慢されても意味がわからないですよね。予選にすら出られない。こういった種目で食おうと思ったらグローバルのトップ10に入らないといけない。これは「身の置き場所」としては非常に厳しいですよね。

楠木　職業としてのプロのハードル選手だとそうでしょうね。

山口　だからハードル競技はまさに稀少資源の配分としての競争の世界なんです。かたやプロ野球は日本だけでも2軍選手まで入れるとたぶん800人ぐらいは一応食えている状態なんですよね。だから、為末さんの話は「自分の身の置き場所」というのを考えたときに面白いなと思ったんです。

楠木　面白いですね。

山口　為末さんの場合、もともと100メートルのスプリントをやっていて、だけど100メートルのスプリントでは食えないというのでハードルに行って、そこで世界陸上でメダルを獲ってオリンピックにも日本代表で出場したという構図なんですけど、これがやっぱり競争のなかでの「身の置き場所」という話だと思うんです。

楠木　為末さんと話をしていると、アスリートの世界にいながらあんまりアスリート的じゃない面がありますよね。価値基準を記録とか相手との勝負ではなく、自分の中に持っていこうというところがある。

山口　与えられた競技やルールを所与のものとして、その中でひたすら頑張るのではなく、自分にとって有利な競技やルール、「勝てる場所」を見つけにいくことを頑張るという発想ですね。

楠木　どの軸で勝負するかというのを自分で選んでいるということですよね。

山口　そこなんです。話を聞いていると、彼はハードルのことは全然好きじゃないんですよね。ここが面白いところで、とても戦略的なんです。

楠木　僕が彼と会って話したときの印象では、ハードルという競技そのものよりも、自分に固有の才能というか、才能を自己発見していくプロセスに思い入れがある。これって、才能というもののひとつの本質を突いていると思うんですよ。才能というのは自分であとから気づくもの。つまり、さっきの話でいう事後性が高い。スキルの場合は事前に自らが意図して「こういうスキルをつけよう。だからこういう方法をとって」となるのに対して、センスとか才能というのは「自分にこんな才能があったんだ」ってある瞬間に気づくという面があると思うんですよ。為末さんが子どものころに、走っていたら犬より速くって「俺、足が速いのかなと思った」というのを聞いて、いい話だなと思ったんですけど。

山口　才能やセンスは自分にとって「できて当たり前」のことなんで、きっかけがないと「それが他人にとってはできないことなんだ」ということになかなか気づかないんです。その人のいちばんスゴイところほど、自分にとっては当たり前のことで、言語化したことすらないようなことですよね。

ユニクロ・柳井正が己の才能に気づいた瞬間

楠木　あとね、柳井正さんのエピソードで好きなのがあるんです。お父様がやっていた紳士服屋を任されたとき、柳井さんは要するに創業家の二世ですから、自分の好き勝手にやろうとしたら、それまでいた従業員たちがみんな嫌になっちゃって6、

7人いたうちの1人を残して全員辞めてしまった。それで仕方がないので自分で接客も買いつけも経理も採用もすべての業務を一人でやらなきゃいけなくなった。もともと経営というのは「担当がない」仕事ですね。そこに「経営者」と「担当者」の違いがある。商売の丸ごとすべてを相手にする経営者の仕事を余儀なくされて、やってみたらどんどん成果が出る。そこで初めて「あ、オレは経営が向いているのかもしれない」と気づいたというんですね。それまでご自身は商売が嫌いで向いていないと思っていたらしいんですけど。

そういう意味での、事前に計画どころか自己認識や自己評価もできないという面がセンスにはあると思うんですよね。

山口　そうですね。それは私も思うところがあって、まず事前に思っている自分の強みはだいたい外れているものです。

楠木　ですよね。

山口　若い子に言うのは「まず間違っているから」と。「まず事前にはわからない」と言うんですが、わかないということが若いうちにはなかなかわからないんですね。

でも実際には、事前にわからないというのはもちろん、事後にもわからないということが多いと思うんです。客観的に自分の状況を見て、明らかにこれよりこっちのほうが得意だよねということがわかるようになるためには、相当に自分を客体化して分析する醒めた視点がないと難しい。柳井さんはそこがすごい方だと思うんですね。現在でもそこはすごいと思うんですよ、非常に自分を客体化できるというのは。

楠木　そうですよね。

山口　同じように「好き」と「得意」というのはまた別にあって、何が得意かというのはやっぱりやってみないとわからない。やってみたとしても、相当に自分の思い込みがあって、自分の目の前に起こっている現実というのを客観視してみたとき、自分の認識が実は間違っていて、苦手だと思っていたことのほうが得意だと判断するというのは、なかなかできることではありません。

楠木　だから結局、何かしら自分の外にある準拠点というものをどうしても必要とすると思うんです。為末さんの場合だと犬、柳井さんの場合だと売上げですよね。仕事ができている状態をどうやって認識するのかというと、結局のところは市場の評価だったり顧客の評価だったり、要するに他者評価にしかならない。仕事ができるかどうか、自己評価の必要は一切ない。こう考えたほうがシンプルですっきりしますね。自分に甘いのは人間の本性です。どうしても自己評価は甘くなる。だいたい過大評価になっていると思っておいたほうがいい。

自己を客観視するということは、顧客の立場で自分を見るということです。仕事ができる人は、常にこの視点が自分の思考や行動に組み込まれている。自分が何をやってもらったらうれしいのかを考えて、それを他者にしようとする。最悪なのは自己陶酔。自己客観視が完全に失われている状態ですね。こうなるともう自分を見失っているとしか言いようがない。

「AC/DC」に見るセンスの不可逆性

楠木　センスとかアートの性格を考えると、〝自己革新〟は言うほど容易ではないと思うんですね。センスというのはその人の持っている「芸」とか「芸風」みたいなものです。芸風と心中するということが、本当のプロの姿なんじゃないかなという気がしています。僕はＡＣ／ＤＣ（エーシー・ディーシー）というロックバンドが好きなんですけど、彼らについてよく言われるのが「どの曲を聴いても全部同じ。しかも、何十年もずっと同じ」っていう……。ジェームス・ブラウンとかもそうですよね。

山口　ああ、いいですね。

楠木　ＡＣ／ＤＣはずっとそういう批判をされていて。まあ、彼らの音楽に興味がない人には確かにそう聴こえると思うんですね。アンガス・ヤングというバンドの中心になっているアイコニックなギタリストがいて、「ＡＣ／ＤＣは12枚も同じアルバムを出している、マンネリだと言われていますが」と聞かれたとき、彼は「いや、それは間違っている」と。どこが間違っているのかと聞かれて、「13枚だ！」と言ったたっていうんですね。僕はこの話が好きで。センスにはけっこうそういう不可逆的というかリジッドな中核があるんじゃないか。

　自分がいちばんの拠り所にしているセンスとかいうアーティスティックな何かというのは、それが内発的なもの、時間をかけて錬り上げられたものであるからして、なかなか変えられない。例えば「状況が変わった。時代とズレてきた。さあ、変えましょう」と言っても、本当のプロであればあるほどなかなか変えられないのではないか。その人の中ではひとつのセンスと心中するといったようなもので、「もし別のセンスを手にしようと思ったら、それは来世だ」みたいなところがあるんじゃないかなと思うんです。世の中ではやたらと「自己革新だ」という話が出てきますね。それはそのとおりなんでしょうけど、ただ僕は、その人の中核にある余人をもって代えがたい能力をそう簡単に変えられるのかなっていう気がしています。

ただし、センスには汎用性があります。スキルは狭い。「ポータブルなスキルを持て」と言うけれど、その分野にはまらないとスキルは使えない。一方のセンスは、組織はもちろん、職位や職務領域を超えて、しかもどんな局面でも四六時中使える。センスのほうがむしろ汎用性が高いと思うんです。さまざまな領域に広範なインパクトをもたらす基盤的技術を「ジェネラル・パーパス・テクノロジー」と言いますが、センスは「ジェネラル・パーパス・コンピテンシー」。その人のあらゆる仕事の拠り所ですね。しかし、それだけに、土台から変えるというのはほとんど不可能ではないでしょうか。

山口　なるほど。ただし一般的な仕事と言ったときに、職位が上がってくると仕事の質って変わってくるじゃないですか。現場にいるときはニコニコしていてちゃんとコピーを取れれば「なんか、あいついいな」とかって言われるわけですけれど、だんだん仕事の質が変わってきて論理で解ける問題だけ解いていればよかったものが、そういうものも減ってきて、社長になるともう訳がわからないようになる。「Aとも言えるし、Bとも言えるけれども、なんとなくBかな」みたいなことが当たるかどうかっていう、あたかもサイコロを投げるような仕事になっていきますよね。

　だから、そう考えたとき一口に仕事ができるというのも、ある意味で乱暴な言葉で、入社して3年目までの仕事ができるというのと、課長さんで仕事ができるのと、部長さんで仕事ができるのと、執行役員クラスで仕事ができるというのでは、全然構造が違ってくる。

楠木　違いますね。

山口　そこって、やっぱり芸風が変わらないという不変の部分の話と、ちょっとそろそろ変わってくれよという側面も、ビジネスマンの場合はあるように思うんです。

楠木　それはあるでしょうね。最初はスキルがついてくる。ところが、マイナスからゼロまでいくと、その後にプラス域に持っていくセンスの問題になる。ここでキャリアのフェーズが変わりますね。このとき、スキルであれば100の人からゼロの人まで縦一線に並ぶのだけれども、センスになると「こういうセンスにいく人」「ああいうセンスにいく人」という横方向の違いが大きくなる。

だから、そのフェーズになると組織とのフィットという問題が深刻になってくると思うんですよ。全方向的なセンスというのはあり得ない。AC／DCじゃないですけど、自分の芸風のほうが固定されていて、それと合うようなポジションというのを探していくというのがキャリアの途中からの基本的な構図になってくるのではないでしょうか。

センスがない人が出世する組織の不幸

山口　北野唯我さんが『天才を殺す凡人　職場の人間関係に悩む、すべての人へ』

（日本経済新聞出版）の中で言っている面白い話があるんですが、個人の中にも凡才と天才と秀才がいて、秀才がやっぱり天才を抑えつけると。秀才はスキルに頼ろうとして、自分の中の天才はセンスにいこうとするんだけど、それでいこうとすると、怖いとか、上司に潰されるかもしれないとか、まわりから「いいね！」されないかもしれないというんで、秀才君に頭の中で負けるというんですね。

楠木　それでも、秀才に従っているうちに「やっぱり違うんじゃないか」ということで、その人の中の「天才」に回帰していく。そういう試行錯誤の成り行きはよくあることだと思います。

山口　そうですね。組織論の世界だとラム・チャランという大変有名な先生がいて、彼がずっと言っていることは非常にシンプルで、僕が先ほど言ったこととも重なるのですが「キャリアって途中で全然種目が変わるよね」ということなんですよ。現場のときには与えられた問題をとにかく解いていれば優秀だと言われる。課長ぐらいになると問題の多少の整理ができれば優秀と言われる。そうして問題を解く仕事から問題をつくる仕事にレベルが上がっていく……日本で言うと部長から本部長クラスのところ、そこに大きなキャリアの断絶がある。

楠木　それこそスキルとセンスの断絶ですね。

山口　そうです。低い職位では比較的スキルは有効なんですね。上司から「これをやれ」と言われて期日どおりにきっちりと仕事がこなせれば評価されますから。ただ、そんなことで評価されるのはせいぜい課長さんのレベルまでなんですね。管理職として職位が上がってくると、仕事の優先順位をつけて資源配分をする、ということが求められるようになるんですけど、この優先順位づけにセンスがモロに出ます。ここで問題になるのがスクリーニングの順序で、日本の場合、まずスキルがある人が管理職に昇格して、そのなかからセンスのある人を選り抜いていくという形なんですが、本当にそれでよいのかということです。

例えばGE（ゼネラル・エレクトリック社）のCEOを務めたジャック・ウェルチって、三十代で役員になっているんです。大学を卒業して10年かそこらで経営者になっているわけです。つまり最初から「こいつはセンスがいい」とタグが付いているんですよ。このセンスを見極める、あるいは鍛えるためにかなり若い段階から実際の経営職につけてみるわけですね。担当者の仕事はスキルでなんとかなりますけど、経営の巧拙にはセンスがモロに出ますから、それで確認するのと同時に鍛えているわけです。

楠木　今はどうか知りませんけど、当時のGEはセンスのタグ付け能力がきわめて秀でていた。僕もずいぶん前にGEの経営幹部向けのトレーニングプログラムで教えていたことがありますが、センスのタグ付けで組織をつくっていくことに血道を上げている会社、という印象を持ちました。

山口　日本企業の人材育成を考えてみたときに欠落しているのが「センス」のタグ付けの部分ですね。スキルがあってハイパフォーマンスなんだけど、センスの面でのポテンシャルはよくわからない、という人をそのまま「ハイパフォーマンスだから」ということで上にあげてしまうと、本人にとっても組織にとっても不幸なことが起きます。

今はハイパフォーマンスなんだけど経営者としてはローポテンシャルな人と、ハイパフォーマンスでかつ経営者としてもハイポテンシャルという人をどう切り分けるかというのは、ものすごいニーズがあります。生臭く言うとコンサルティングビジネスのテーマとしてすごくおいしいんですね。

楠木　そうでしょうね。山口さんがおっしゃったキャリアの断絶というのは別に日本だけではなくて世界のどの国にもあると思います。ただ日本の問題はそもそも区分がきちんとできていない。ここからさまざまな悲喜劇が始まっていると思うんです。特定のスキルに秀でたスペシャリストは秀才一辺倒でまっとうしてくれと。給料もちゃんと払うから、その人はその人でスペシャリストとして幸せに生きていってくれというのと、本当に経営をして組織全体を自分が決めた方向に引っ張っていくジェネラリストとは、仕事が根本的に異なる。ここをごっちゃにしてしまうことからいろんな不幸が始まっているというのが僕の見解です。

ジェネラリストというと、今は専門性がない人みたいに矮小化されがちですが、本来「ジェネラル」とは総攬者。要するに「大将」。全体を丸ごと動かし、結果に対して責任を持つ人です。商売の場合だと「儲ける」ことに責任がある。だから、前に出た話で言うと、いつもトンネルを両側から掘らなければいけない。日々の仕事の一挙手一投足が、最終的な成果とつながってないと仕事にならない。

一方でスペシャリストとかスキルの人は、もともとその人に要求されている仕事の中身がスキルセットとしてきちんと定義されている。トンネルを両方から掘る必要はないわけです。「この人はここに行ってくれればいい」と初めから出口が決められている。片方から掘るだけでも「きちんとやってくれた」という評価がなされる。そもそも組織全体の最終成果に対する責任がないわけです。

すぐに「分析」する人は仕事ができない

楠木　トルストイの『アンナ・カレーニナ』の有名な書き出しに、「幸福な家庭はどれも同じように幸せだが、不幸な家庭はみなそれぞれに不幸である」というのがありますね。センスはその逆だと思っていまして、「センスがある人は千差万別だが、センスがない人はみな同じようにセンスがない」。だからセンスがない人のほうが特徴を説明しやすい。
仕事ができない人ってどういう人なのかと考えると、ひとつには「すぐに分析したがる人」というのがある。例えば「はい。じゃあ、この事業の戦略を考えましょう」と言うと、すぐに調査・分析に走る。ひたすらSWOT分析（Strengths＝強み、Weaknesses＝弱み、Opportunities＝機会、Threats＝脅威）するとか。この手の人のことを僕は専門用語で「SWOTTER」って呼んでいるんですけど。

山口　専門用語なんですか……。

楠木　私的専門用語です（笑）。大きな会社には経営企画部門とかそういう部署があって、しばしばSWOTTERの巣窟になっている。そういう人に「こんなことをやっていても、いっこうに優れた戦略は出てこないし、とうてい組織は動かせませんよね」と言うと、みなさん頭はいいのでそんなことは自分でもわかっているわけです。不思議なのは、なぜ意味がないとわかっていることに明け暮れるのか。要するに、分析調査というのは仕事ができない人にとってとてつもない吸引力を持っているんですね。あっさり言ってしまえばテンプレート上の「作業」。仕事はできなくても、とりあえずの作業はできる。で、なんとなく人に見せられる資料という成果物はできる。人に示すことができる形でブツが出てくる。こういう「作業の誘惑」ってすごい強いんですね。しかし、それは経営でも戦略でもなんでもない。

初めに話したように、「モテる」、これはどう考えてもセンスとしか言いようがないものですが、会社の中にはすぐに「モテ」を分析しようとする人がいる。分析というのは要素分解です。モテを要素分解すると、人事の「スキルフルな人たち」が出てきて、モテる要素を大喜びで測定し、挙句の果てにレーダーチャートみたいなものをつくったりする。世の中よくできていて、この段になると、決まって「こうやったらモテますよ」というスキルめいたものを持ってくるヤツがいる。なるほど、ということで「モテの要素」をすべてマスターする。で、何が起きるかというと、ますますモテなくなるんですね。

こういう成り行きを一言で言うと、「プロキシ」(proxy＝代理)という言葉が僕にとってしっくりくるんですよ。本来は最終成果につながっているべき仕事がすぐに何かのプロキシになっちゃうんですね。本当だったら競争のなかで会社がもっと業績を出すために戦略をつくるはずなのに、ＳＷＯＴ分析という作業が戦略のプロキシになってしまう。

スキルはプロキシを誘発しやすいんですね。英語ができる、プログラミングができるというのは、それ自体は価値のあることなので、なんのためにそのスキルがあるのか、それでどういう成果が出るのかまでつながらずに、スキル向上で思考停止してしまう。それでもスキルは確かに向上するから、とりあえず達成感があるし、それはそれでその日の不安が解消される。

やっぱりなるべく評価されたい、今すぐ評価されたいという気持ちが人間には必ずありますから、そういうものがプロキシをどんどんつくっていくんじゃないかなと思うんです。その結果として、小さなことにはすごく敏感なのに大きなことに対してはやたら鈍感だったりする。組織がダメになっていくときに「こんなことやっていて大丈夫なのかな」とか「根本的に何か間違っているんじゃないかな」という大きな問題を正面から見ずに小さなところに入り込んでしまう。

カルロス・ゴーンの勘所

楠木　組織全体をトップからプロキシの考え方で下へ下へとおろしていくのは、ある種、洗練されたマネジメントです。きちんと分業してそれぞれにKPI（key performance indicator＝重要業績評価指標）を与えていく。ま、合理的な組織設計ですよね。

これはもしかしたら日本よりもアメリカのほうでより顕著な問題かもしれないんですけど、アメリカの伝統ある大きな上場企業とかを見ていると、日本よりも過度にKPI一本槍のマネジメントで会社を動かしているケースがある。それぞれの部門のKPIには一定の合理性があるのですが、それぞれのKPIを持って全員が走ったときに、それを合成したものが本当の成果になるのかというのは、また別問題なんですね。それぞれの部門のKPIは完全にはMECE（ミーシー。mutually exclusive and collectively exhaustive＝ダブりがなく漏れもない）になっていない。そんなことは不可能です。どこかに無理や欺瞞があるんですけど、「それはちょっとおいといて」というところがある。

そのときに「自分の任期いっぱい、この程度まで達成すればボーナスも出るし」というダメな経営者と、「その矛盾がグワーッと集まったときにそれをどう解くのかは俺がやるから、お前らはＫＰＩでいけ」というアメリカンな意味で優れた経営者がやっぱりいる。これができるというのは、本当に仕事ができるということ。こういう人がいてこそのＫＰＩマネジメント。ＫＰＩだけではすぐに行き詰まってしまう。

山口　カルロス・ゴーンさんがめちゃくちゃぶっ叩かれていて、ひどいことになっていましたけど、彼が日産に来たときにはわりとオーソドックスなリストラをやったといわれている。やっぱりあの人は組織マネジメントの勘所をわかっているんです。

僕が聞いて面白いなと思ったのが、ゴーンさんが来る前の日産は、デザイン担当とコスト管理担当が役員レベルでは同じ人だったんですよね。コストとデザインはトレードオフの関係にあります。デザインをよくしようとするとコストが上がる、コストを抑えようとするとデザインが犠牲になる。だから、この二つを一人の責任者が担当すると低レベルの妥協が生まれちゃうわけです。そこにゴーンさんがやって来て「お前はデザインをよくしろ」「お前はコストを下げろ」ということで二人の責任者に分けたんです。要するに「デザインの責任を取る人はあなたで、とにかく毎年行っている市場調査のデザインのポイントをここまで上げてください。あなたはコストの責任者で、今あるコストから平均してこれくらい下げてください。それでケンカするときはどうぞケンカしてください。どうしてもケンカがうまくいかないとなったら、俺に持ってこい」と言ったんです。ある意味で、わざと部分最適化させた。そうするとやっぱりパワーが出るのでデザインの人はもう「デザインだ!」っていくし、コストのほうは「どうやったらコストが下がるか」って突っ走って、あえて部分化したということなんです。だから、そこの勘所はやっぱりすごくメリハリが利いていた。

楠木　日産のV字回復のころ、初期のゴーンさんは非常に優れた経営者だったと思います。それは最終的な責任は取ってくれるとか、そういう「人間力」ではないんですね。ま、今となってはゴーンさんに人間力があったかというと、相当に疑問ですけど。

きちんと組織を分業していくと最終的にありとあらゆる矛盾というのがトップの

ところに集まってくる。どうしてもそこにしわ寄せが来るので、そこできちんと判断して優先順位を決められるというセンス、これがゴーンさんにはあった。ただし、もう一段上の話になりますが、その手の「合理的な経営」というのは「マイナスをゼロにする」にはすごくいいんですけど、ゼロからプラスをつくっていくということになると……。

山口　そうですね。ひどい状態をマトモな状態にするのと、マトモな状態をスゴイ状態にするのとでは、まったく異なりますね。

楠木　いま取りざたされている個人的な素行の問題は別にしても、途中からのゴーンさんは優れた経営者とは言えないと思います。ごくシンプルに言って、業績が不十分ですね。ときどき日産をお手伝いすることがあるのですが、ゴーンさんが日産の経営を事実上離れて、ルノーとのアライアンスの上に乗っかった仕事をするようになったころは、KPIマネジメントの悪い面が出ていたと思う。依然としてゴーンさんは最後に自分のところに集めて、全権を持って裁量をしているんだけれども、肝心の商売としては成果が出なかった。ゴーンさんの場合、仕事の種目が日産の中のリストラから日産のグローバルな競争力をつくっていけるのかというところへシフトしていったわけですが、それには対応できなかった。

「担当者」と「経営者」の仕事の違い

楠木　当たり前の話ですが、一人で全部できません。分業は絶対必要なんです。そこで「分業しているんだけど分断されていない状態」をつくるのが経営の本領ですね。そういう仕事って自分が全部を動かせるという、少なくともそういう意識を持っていないとできない。要するに「担当者」と「経営者」という話なんですけど。「私の仕事はここからここまでで、KPIはこれなのでいつまでに達成します」という担当者の仕事は、どうしても全体感に欠ける。

では、全体を相手にするとはどういうことなのか。商売はつまるところ長期利益を求めるものです。利益の定義は「WTP－C＝P」という単純な式で表せる。WTP（willingness to pay＝支払意思額）というのは、お客さんが払いたくなる水準の金額。企業側からするとレベニュー（revenue＝収入）ですね。Cはコスト（cost）。

ＷＴＰを達成するにはコストがかかる。利益というのは、要するにＷＴＰからＣを差し引いた残りです。プロフィット（Profit）を増大させるためには、ＷＴＰが上がるか、Ｃが下がるか、もしくはその両方かの三つしかないわけです。

自分で観察していてすごくしっくりきているんですけど、全体を相手にする人というのは、もう一挙手一投足のすべてがその三つのどれかと明確につながっている。裏を返せば、つながらないことは仕事にしない。つまり一本のメール、一回の電話、一回の会議、その取り回し、何か質問をする、人と会う、メモを取る、なんでもいいんですけど、そのすべてが結局、ＷＴＰが上がるのか、コストが下がるのか、その両方にか、どれかにつながっている。これが全体を相手にしているということじゃないかなと思うんです。

山口　テッペンに利益を置いて、それがＷＴＰとコストという二つの枝に分かれる。そこからさらに細かく枝葉が分かれて、それこそ末端に達すると新入社員がコピーを取るとか事務員がお茶を入れる、というような作業がある。この全体の樹形図の中で自分の行動が今どこに位置づけられているのか、ということを常に意識しているということですね。確かに、センスのない人の特徴として活動が局所化・部分化する傾向がありますね。だから優先順位が無茶苦茶になるわけですが、あれは全体の系図が見えていないからなんですね。

楠木 「お詫びのスキルがひたすら上達する客室乗務員」という話があるんです。僕は自腹で出張するときは、飛行機は必ずエコノミーに乗るんですが、エコノミー席だと機内食といっても選択肢が2つぐらいしかない。例えば、「照り焼きチキン丼」か「カレーライス」というのがよくあるパターン。

客室乗務員がエコノミーの前のほうの席の人から順番に注文を取っていく。後ろのほうの席に座っている僕としては、カレーライスにしたいと思いつつ、彼女が注文を取りに来るのを待っていた。ところが、僕の何列か前のところでカレーライスが品切れになってしまう。

「カレーはもうないのですか?」と聞くと、乗務員は「本当に申し訳ございません……」と、心の底から申し訳なさそうな表情と声のトーンでお詫びをしてくださる。お詫びスキルのある優れた接客担当者であることは間違いないんです。こちらとしても自然と「いや、照り焼きチキンで結構です」ということになる。

数カ月後、同じ路線の出張でエコノミーに座っていた。例によって照り焼きチキンかカレーライスかの選択。で、またしても僕の直前にカレーライスは品切れになってしまうんです。それで、客室乗務員が前と同じようにスキルを総動員した「プロのお詫び」をしてくれる。

「チキンで結構です」と答えつつも、僕は不思議な気がしたんです。このお詫びのスキルに優れた乗務員はこれまでに何百回お詫びをしてきたのだろうと。繰り返すたびにお詫びのスキルが磨かれてきたに違いない。

それにしても、なぜ同じ欠品を繰り返すのか。もう少し「全体」の視点があれば、お詫びスキルを磨くよりも、「チキンとカレーの発注ミックスが悪い。明らかにカレーを選ぶ客が多いので、従来の5：5ではなく、3：7でカレーに傾斜した発注に変更するべきだ」という提案を機内食の調達部門に出して、発注ミックスの変更に動くはず。そうすれば、上手に謝るよりも顧客の満足度が上がる――。

もっと踏み込むとこういう手も考えられます。そもそも機内食を2種類用意するのが間違っている。どうせエコノミー、顧客は食事にはそれほど期待していない。だとしたら、いっそのことカレーライスに一本化したほうがいいのではないか。オペレーションが簡素化する。食事の仕入れコストも多少なりとも下がる。しかも、そうすれば乗客の希望とのミスマッチがそもそもなくなるし、手際もよくなるので、かえって顧客の満足度は上がるかもしれない――。こういうのがセンスなんです。ところが担当者である客室乗務員は、謝るスキルだけがひたすら上達していく。担当者には「全体感」がないわけです。

よく「みんなが部分最適化になってしまいまして」という話が出てくるのですが、これこそ経営能力の問題ですね。それは担当者レベルの仕事というのは、本来的に部分最適化するものです。彼らがスキルを発揮してガリガリやれば、必然的に部分最適化する。だから全体に向けて統合する経営者が必要になるのです。

小林一三とチャーチルのセンス

山口　ゴーンさんの話もそうなんですが、仕事ができる、できないというのは、先ほども申したようにけっこう文脈依存的だと思うんですね。それで僕が思い出したのは小林一三さんなんです。もともと慶應義塾大学を出て三井銀行（現・三井住友銀行）へ入ったんですけど、吉原で飲んだくれてて朝になっても会社へ来ないとか、まあ、いろいろ大騒ぎだった人なんです。結局30歳過ぎまで三井にいたんだけど、左遷に次ぐ左遷ですよ。それでこのまま三井にいても先は知れているというので、箕面有馬《みのおありま》電気軌道（阪急電鉄の前身）という関西のベンチャー企業に行ってから大爆発した。

彼の場合、優秀さというか、もちろん仕事ができる天才的なビジネスマンですし不世出の人だと思うんですけど、その才能はベンチャーで鉄道をやって、具体的で物理的な場所をつくるとか、人を動かすというフィジカルなビジネスをやるときに発揮された。三井銀行で投融資とかいうときには、もうまったく残念な結果に終始するんですね。

楠木　鹿島茂さんのお書きになった小林一三の評伝『小林一三　日本が生んだ偉大なる経営イノベーター』（中央公論新社）って、お読みになりました？

山口　はい。

楠木　あれは本当に素晴らしい本で、小林一三評伝の決定版ですね。小林さんの銀行員時代と鉄道のベンチャーに入ってからでは、生き生き度がまったく違う。

山口　ウインストン・チャーチルという人も非常に極端な人で、僕は一時期チャーチルのことをずいぶんと調べたんですけれども、あの人は何が下手かというと資源配分ができないんです。調整が全然できない。行政とか政治って基本は「art of allocation＝配分のセンス」なので、福祉はこれぐらいやって、あいつもうるせえし、じゃあちょっと産業振興にこれぐらい、とか調整するのが政治なんですけれども、チャーチルはそうではなく挙国一致体制でナチスと戦う。もう資源配分なんてないんですよ。ナチスと戦うためにわれわれは工場で戦う、キッチンで戦う。

楠木　資源制約を取っ払うわけですよね。

山口　全部ここに注ぎ込む。

楠木　なるほど。

山口　もう政治家としては全然向いていないわけです。政治のセンスがない、つまりアロケーション（配分、割り当て）のセンスは全然なくて、調整のセンスもないんですけれども、全権を自分が手に入れてある相手と戦うという局面ではきわめて強力なセンスを発揮する。ですから、パフォーマンスがジェットコースター的に上下するわけですね。ちなみに戦車って、チャーチルの発案なんですよ。

楠木　そうなんですか。

山口　あれもイノベーションのすごく面白いところで、第一次世界大戦で西部戦線が膠着状態になっている時に、当時実用化されたトラクターに装甲をつけて塹壕に突入させたらどうだという案を陸軍の中佐が言い始めたのですが、陸軍では採用されなかったんですね。採用されない理由が非常にわかりやすくて、「騎士道精神に反する」という話で。

楠木　なるほど。

山口　いかにもイノベーションの阻害要因ぽいんですが、そこで「これ、面白ぇじゃねえか」と言い出したのが当時海軍大臣だったチャーチルだったんです。陸戦の素人ですけれど「オレが研究費用を出してやるから一回プロトタイプをつくって使ってみよう」とやってみたら、メチャメチャ有効だというので、第一次世界大戦で「マークI」という戦車が造られるようになる。

どこで勝負するかという「土俵感」

楠木　全方位的にセンスがある人というのはいない。本当にセンスがある人というのは単にセンスがあるだけではなくて、自分のセンスの「土俵」がよくわかっている。これが自分の仕事なのか、そうじゃないのかという直感的な見極めが実にうまい。これが本当にセンスがあるということでしょう。

初めのうちは迷ったらとにかくやってみる。ところが、いつまでたってもそのやり方を続けている人というのは、たぶんセンスがない。「これは自分の領分ではない」と思うことには手を出さないという「土俵感」。「これが自分の土俵だ」という感覚がだんだんはっきりとしてくる。これもまた仕事ができる人の特徴だと思います。断るのも能力のうち、ということです。

ゴーンさんはたぶん途中で自分の土俵でなくなってしまったのだけれども、立場上、あるいは本人の意欲のうえでもずっとあのポストにいたいと思っていた。その結果、かなりズレが出てきたのかなという気がします。小林さんも阪急では天才的な事業センスが爆発したけれども、三井銀行ではそうとう苦しかったと思うんです。でもそれってまったく同じものを両方から見ているだけなんですね。彼がもし三井銀行の仕事にもっとコミットして「優れた銀行員にならなきゃ」っていうふうにやったら、自分の強みを「たわめる」ことになったんだと思うんです。

山口　そうですね。だからセンスって、一軸じゃないということなんだと思うんです。

楠木　ですよね。

山口　ある状況のなかで非常にパフォーマンスが出るというセンスがある。文脈依存的で、その文脈に適したセンスを自分が持っているのか、持っていないのかを判断できるメタセンス認識のセンスみたいなものがあるとすごくいい。

ただ、それはいろいろ試してみないとわからないですよね。だから打席に立っていろいろな球を打ってみて「なんかオレ、ほかの人みんなが空振りする外角低めのスライダーを自分だけうまくちゃんと引っ張れるんだよね」というのがわかってくると、そのあとからはもうそこの球だけ狙ってスイープしていく感じになる。その拡散とアコーディオンみたいな幅の広さは、すごく大事な気がします。何か中途半端に広めなくて中途半端に狭めないみたいなことではなく、もう思いきり広げて思いきり狭めるというのをキャリアのなかでやれているのは、すごく自分の急所をわかっているということだと思うんです。

楠木　今のお話に二つかぶせると、一つは打席に立っているうちに自分で気づくというのはあるんですけれども、明らさまな気づきとして、注文が来る来ないというのがあって「なんでこれは自分が思っているよりも客が喜んでくれているんだろう」とか、「あ、ここは自分の土俵なのかな」というふうにお客が教えてくれるという面がやっぱりあると思うんですよね。それも結局、試合に出ていないとわからない。

もうひとつ、スキルであれば、それが自分の土俵なのかどうかというのは先験的にわかるわけです。「この仕事をお願いします」と言うと、「ああ、僕は管理会計なんで。これは財務会計ですから、僕の土俵じゃないです」と外在的な基準で土俵が決まっている。ところが、センスを基準にしたときに、その仕事が自分の土俵かどうかは、そうとう難しい見極めなんですね。それは誰も直接的には教えてくれない。自分で見極めるしかない。

山口　そこは見る力というか、五感がやっぱりすごく大事だと思うんです。落語をやっている人って、プレゼン上手な人が多いと思うんですね。電通で僕の師匠みたいだった人に白土《しらつち》謙二さんっていう方がいて、この人、天才的にプレゼンテーションがうまかったんです。

楠木　ユニクロとかやっていらっしゃった。

山口　そうです。

楠木　僕も何回かお目にかかったことあります。初対面からセンスをビンビン感じさせる方ですよね。

山口　あの人は、落研出身なんですね。

楠木　そうなんですか。

山口　それで、一回落語について聞いてみたんですけど、やっぱり自分で面白い・面白くないと判断しているうちは全然面白くないそうなんです。面白い・面白くないの判断は、観客がやっているんですね。あと、大きな会場になると声はほとんど同時に会場の人全員に届いているんですけれども、笑いの波っていうのはザーッと後ろに向かって進んでいくというんですね。いちばん後ろまで20メートルの会場といちばん後ろまで40メートルの会場だと、話の間《ま》を変えていかないと、もうガチャガチャになると。

そういうことも頭に入れながら、そのうえで大事なのは、ある人が笑ったという笑いのレーダーみたいなものが自分の中に育っていって、ウケてるウケてないということがすごく客観的に見られるようになることだというんです。

楠木　なるほど。

山口　もう一人、落研出身で本当にプレゼンがうまい人がいて。サンプル数は2つなので実証的ではないんですけど、どうも自分の目の前で何が起きているのかということを見る力、そこがないと外しているのに気づかないんじゃないかと思うんです。

センスと意欲のマトリックス

山口　あとセンスの話で言うと、センスと意欲のマトリックスというのもあって、軍隊の中で誰にリーダーをやらせるかというときに、「センスはあるけど意欲はない」という人はなるべく楽して勝とうとするので、いちばん大将に向いている、と。で「センスがあって意欲もある」という人は大将を支える参謀が向いている、と。いちばん困るのが「センスはないけど意欲はある」という人で、こういう人が組織を引っかき回したり、スジの悪い突撃をやらせたりして部隊を全滅させたりするわけです。

楠木　いちばんいけないですね。

山口　これは射殺しろと。最後に「センスも意欲もない」という人は、KPIでしばいて現場をやらせろという。これは、確かナチのゲシュタポで言われていたことで、なかなかタッチーな話なんですけど。

楠木　おっかないなあ。

山口　ここにスキルをかけるとまたちょっと複雑になるんですけど。スキルはあるけれどセンスはない人。センスはあるけどスキルはない人。誰にどれをやらせるかという問題もある。でも、もともとあるのは意欲とセンスのマトリックスで、このマトリックスに対してスキルによってある種の復讐をするというのが今の構図なのかなっていう気がするんですね。

楠木　なるほどね。

山口　意欲は己の気の持ち方次第で根性を入れれば出せます。ただ意欲はあるけどセンスはないという人は射殺されちゃうので、どうやってもセンスがある人に勝てないっていうふうになる。まあ、大将と参謀ですからね。だからこうなるとやっぱりスキルでリベンジするしかないという構図になっているんじゃないかな。

プロのすごみは、やることの「順序」に表れる

山口　ルイス・ガースナーがＩＢＭに着任したのはＩＢＭがひどいことになってい

た１９９３年だったと思うんですけど、３カ月後ぐらいにＩＢＭの再生計画を発表するときに、巷間言われていたのは、会社をバラバラに分割をして迅速に市場に対応できるスモールカンパニーの集合体にするだろうということでした。
しかし、記者会見の発表の内容は「工場を閉鎖する。従業員を切る。価格は上げます」というもので、マスコミが期待していたその当時の流行のワード、「ビジョン経営」とか「アジャイル」（agile＝機敏な）とか「スモールファースト」（Think small first.＝小企業を第一に考えよう）とか「分割」などが全然、記者会見では出てこなかった。
それである記者が「新しいＩＢＭのビジョンはないのか」と聞いたら、ガースナーはけっこうつむじ曲がりのところがあるので、「ＩＢＭはいま、集中治療室に入っている患者で、ありとあらゆるものが必要だが、唯一必要じゃないものはなんだと言われたら、まあビジョンだろうな」と言うわけです。

楠木　いいですね。

山口　言っていることは出血を止めるということ。価格を上げる、従業員を切るといった、めちゃめちゃオーソドックスなリストラなんですね。だけどその順序がすごいんです。彼ってもともとマッキンゼーのコンサルタントですから、手技はすごく持っているんですね。

それでＩＢＭに来てまず何をやったかというと、自分でエクセルを回して「もうこれは債務超過になる」「いつ、どれだけキャッシュをつくればいいか」ということを計算した。それを自分でやったあとは率先なんですね。リーダーシップのスタイルで「次にはあれをやれ、これをやれ」しか言わない。「工場を閉鎖しろ」「1万5000人を切れ」「この商品ラインはもう全部売却」「この商品ラインは絶対に顧客が買うから値段を1・5倍にしろ」と、ものすごく現場に踏み込んで指示命令して、それが一段落するころに並行して、お客さんのところを回って「ＩＢＭのどこがダメですか」と聞いていく。

そうして最後は「ｅビジネス」というコンセプトをぶち上げて、あとはもう任せちゃうんですね。やっていること一つひとつは当たり前のことなんですが、この取り組みの時間軸のシークエンスにアートがある。要素、要素は実は全部誰にもできることだし、アクセスできることだと思うんですけど「組み合わせ」と「並べ方」がすごい。

楠木　いろいろなものを読むと、あの人はお客さんと会うのにものすごく時間を使っていましたね。

山口　1万人に会っているんですよ。やっぱりいろいろなことに悩んでいるし、最先端のテクノロジーというよりは、「あそこに頼んだらとにかくなんとかしてくれる」という会社でいてほしいと言われる。「それはそうだよな」となって、「ウチはITを使って課題を解決します」と言う。最後は「ガースナー・スクール」をつくって人材育成にいくんですけど、自分から発信して、どんどん遠い方向に行く感じなんですね。効果がすぐ出るものから、ものすごく長くかかるものへと、順々に手を打っていく。

リーダーの組織への介入の仕方っていろんなパターンがあって、これは経営学の世界でも整理されていますけれども、重要なのはインターベンション、介入の仕方と文脈である、と。「あと3カ月でキャッシュがなくなるよ」というときにビジョンを語ってもしょうがない。

楠木　しょうがないですね。

山口　人材育成をやってもしょうがない。とにかく半年間でこの会社はもう血が足りなくなって死ぬとなったときに、やっていることそのものにはなんの新規性もなくて、ある種当たり前のことなんですけど、全部組み合わせてみると、その状況においてはこの並び方がひとつの解になっている。

楠木　あれこそプロの仕事。プロのすごみは何をやるかではなく、やることの順序、シークエンスに表れる。AとBとCが箇条書きにならない。AがあってこそBがあり、BができてCが出てくる、というように時間的な奥行きがある。要するにAとBの間にロジックがあり、BとCの間にもロジックがあるということなんですよね。

山口　ビジョンを全部つくるとかなんだとかで、箇条書きして「これを全部やれ」じゃなくて、「まずはこれだけやろうよ」と言った。「とにかく今はまずこれだけやってくれ」という戦い方をしたんですよね。しかもあとから振り返ってみると、順序が本当に見事なんです。

楠木　そこがアートなんです。これを「優先順位をつけなさい」という話とごっちゃにしてる人がいる。

山口　そうじゃないんですよね。

楠木　Ｔｏ Ｄｏリストでも優先順位はつけられるでしょう。だけど３つ重要なものをやれという話じゃなくて、どういう順番でやるかという順列の問題。これはたぶん全然思考の系統が違うと思うんですよね。

山口　違いますね。これをやるから次が開いてくるという感じであって、単に優先順位をつけるというだけでは次が開かないんですよ。

原田泳幸の〝アートな〟マクドナルド立て直し

楠木　今のガースナーの例と逆の失敗例として、ヒューレット・パッカード社のかつてのＣＥＯカーリー・フィオリーナはひどかった。

山口　大失敗しましたね。

楠木　「ダイナミック」「ネットワーク」とか、どんどんビジョンを出して会社をグチャグチャにした。そのあとに今オラクルのCEOをやっているマーク・ハードが来た。この人はIT業界の獣道を歩いてきた「プロのおっさん」で、フィオリーナのあとCEOとして立て直しに来た。そのときに「前任のフィオリーナにみんながブーブー言ってますけど、これからのヒューレット・パッカードに大切なものはなんですか」と聞かれたら、マーク・ハードが「そりゃ、営業力に決まってるだろ！」と即答して、みんながずっこけた。フィオリーナみたいなキラキラしたことは一切言わない。アメリカンスタイルごりごりの強いボス。「そのためにどういう戦略が必要ですか」と聞かれると「ここは正念場だから、とりあえずガーンと当たる。ガーンと当たれるヤツをどれだけ前線に揃えられるかが勝負だな」みたいな話で、そういうのは頼りになりますよね。大将の趣がある。

もうちょっと身近な例だと、藤田田さんの最後のほうでマクドナルドがボロボロになって、原田泳幸さんが立て直したのですが、その原田さんの立て直しというのもアートとして傑作だったと思います。

２００４年に原田さんがマクドナルドに来たとき、初めはとにかくＱＳＣ

（Quality＝品質、Service＝サービス、Cleanliness＝清潔さ）以外はやらなかった。メニューをいじらない。価格もいじらない。店を開いたり閉めたりもしない。とにかくそのときの手持ちの材料でQSCだけを徹底的にやった。その頃、お金もなくなっていたんですけど、けっこう思い切って投資したのは「メイド・フォー・ユー」という調理プロセスの切り替えでした。その頃までマクドナルドは需要予測をして商品をつくり置きしていたんですよね。あれだけ限定されたメニューで繰り返しの販売だからある程度の精度で需要が読めるし、注文が入ってからアセンブルしてるとスピードが落ちるのでつくり置いていた。それを全面的にやめて、オーダーが入ってから商品をつくることにした。モジュールだけ用意しておいて、オーダーを受けてから組み立てる「メイド・フォー・ユー」システムは、かなり負担が大きな投資だったんですけど、これをやった。

　現場の人からは「バジェットがこれだけしかないので、まず旗艦店の何店舗からやろう」という案も出たのですが、原田さんは「そうじゃない。全店一斉に切り替える」と。それをやると明らかにおいしくなるんですよ。どんな素人が食べても一口目からよくなったなとわかる。
　そしてそのタイミングで「100円マック」を始めるんですね。100円マックといっても値段を下げることでお客さんを取り戻そうというだけではなくて、100円だから多くの人が必ず一回は食べに来て、その食べた瞬間に「メイド・フォー・ユー」システムの効果によって「あ、おいしくなってる」と思わせる。これが口コミで拡散するのは必然ですね。戦略ストーリーのなかで必然を設計している。

山口　まさにシークエンス、順番のアートですね。

楠木　そうして、そこからメニューを変えていった。その頃のマクドナルドは軽食というかスナック的な扱われ方が多くなっていたのですが、そこにクォーターパウンダーというような、わりとヘビーなガッツリしたランチメニューを強化して単価を上げていく。マーケティング・リサーチをするとマクドナルドの商品は「体に悪い」とか「野菜が足りない」とか「オイリーだ」とか「カロリーが高い」とか、だいたいそういう答えが返ってくるんです。でも実際にいちばん売れているのはクォーターパウンダーなんですね。それでいよいよ全部がうまく回り出したところで不採算店舗を一斉に閉じるという、そういうシークエンスでストーリーを組み立てた。不採算店舗を閉じたところで業績は一気に回復しました。

以上のプロセスを振り返って原田さんは「いやあ、うまく当たったよね。あれってリーチ一発、カンチャンツモなんだよ」と言うんですが、僕に言わせるとそうではない。三面チャンができるまでリーチをかけなかったんですよ。仕込んで仕込んで、完全な〝待ち〟ができてからリーチをかける。だから一発でツモれる。あれはいま振り返っても本当に素晴らしいアートだったと思います。先頭バッターがQSC、それで次に100円マック、十分に塁に走者がたまっているところで、クォーターパウンダーで走者一掃というような、そういうストーリーを原田さんはつくったわけです。

山口　これも一つひとつの取り組みを見てみれば、打ち手としては陳腐ですよね。僕も外食の仕事はかなりやりましたけど、QSCはもとより常に言われていることですし、半額キャンペーンなどの安売りやボリュームを一時的に上げるキャンペーンというのも常套手段ですよね。だから一つひとつの打ち手よりも、その並べ方、時間軸でのシークエンスに巧拙が出るということですね。

楠木　あと、これも原田さんのセンスだと思うのは、マクドナルドのフライドポテト。世界中の店舗のなかで動物性の油で揚げている国はたぶん日本しかないと思います。

山口　そうなんですね。

楠木　ほとんどの国で途中から植物性の油に切り替えている。そうすることで明らかにカロリーが減ってそっちのほうが健康にいいからなんです。だけど日本のマクドナルドはたぶん今でもそうだと思うんですけど、動物性の油なんですよ（牛脂とパーム油のブレンド）。なぜかと言えば、原田さんいわく「そっちのほうがおいしいから」。

山口　それはそうですよね。

楠木　そりゃそうだ、という元も子もない話なんです。マクドナルドに食べに来る客が、そもそも健康を重視しているのか。やっぱり昔ながらのおいしいフライドポテトのほうが満足できるんじゃないのか。

これに似た話ですが、今の自動車業界では燃費が重要な競争次元だから、どこもリッター当たり0・1キロの差を争っている。ところがマツダに言わせれば「本当に環境のことを考えるのなら、そもそもクルマじゃなくて電車に乗るほうがいい」。マツダにしても燃費がよくて環境負荷が小さいエンジンを開発することは重要なのですが、100メートルの差を競うのに汲々としない。それよりも乗り味を優先する。こういう業界の前提というか思い込みをあっさりひっくり返す判断がすっと出てくるというのも、またセンスですね。最近出た「Mazda3」はスタイリングから乗り味まできわめて統合された傑作だと思います。僕はいま乗っているクルマが壊れるまで乗り続けようと思っていますが、仮に買い替えるとしたらMazda3にしたいぐらい。

スポーツとビジネスでは違うんですが、元中日のピッチャー山本昌さんの本に、戦略が時間的な奥行きを持ったストーリーだということを如実に示すエピソードがありました。イチローさんと山本昌さんって仲がいいそうですね。山本さんは50歳まで現役を続けましたが、その頃の直球の最高速度は135キロが精一杯。

現役のとき、二人でよく冬のキャンプをやってらしたそうなんですよ。イチローさんってものすごい身体能力なので、ピッチャーとして投げると山本さんよりも速い球を投げるんです。スピードガンで測るとイチローさんのほうが球が速い。でもバッターは山本さんの球のほうが速いと言う。イチローさんが「どういうこと？」と山本さんに聞いたら、山本さんは「いや、それはオレがプロだからだよ」。プロとはどういうことなのか。「速い球」を投げるのがプロじゃない。「速く見える球」を投げるのがプロなんだと山本さんは言っているんですね。

これは戦略の本質を捉えていると思います。ボールが速く見えるとはどういうことか。ピッチャーの戦略というのは配球という形をとる。つまりは順列問題ですね。1球目に外に大きく曲がるスローカーブを投げる。すると次に投げる内角高めギリギリの直球が速く「見える」。これは時間的な奥行きの問題ですよね。前の打席で打ち取ったんで、次の打席はこうしようみたいな。要するにピッチャーの場合、戦略がことごとく時間を背負ったストーリーになるわけです。この戦略の優劣が、プロの本領であるという話だと思うんですけどね、僕の解釈では。

なんでそうなるのかというと、結局誰も200キロの球は投げられないからなんですよ。「消える魔球」はやっぱりないんですね。飛び道具はない。「戦略をつくろう」と言うと、仕事ができない人はすぐ必殺技を探しにいくんです。飛び道具を欲しがる。いつでも「旬の飛び道具」が喧伝されているもので、今だとAIとかなんとかテックとか、必殺技めいたもの、飛び道具っぽいのが出てくるんですけど、それに先行して筋が通った独自の戦略ストーリーがなくてはならない。AIにしてもIoTにしても、その中に位置づけて初めて意味を持つわけで。仕事ができる人の思考様式は、箇条書きやToDoリストではない。順列的なストーリー思考がユニークな戦略を生み出すわけです。

第三章　何がセンスを殺すのか

ビジネスパーソンの「エネルギー保存の法則」

楠木　「三角形のリーダー（状態）」と「矢印のリーダー（行動）」という対比でいろいろなことを説明できると思っているんです。

　物理学でエネルギー保存の法則というのがあるじゃないですか。位置エネルギーと運動エネルギーというのは両方合わせると常にその和は変わらない。物をある高さから落とすと落ちるにつれ、位置エネルギーが運動エネルギーに変わっていく。この物理法則に例えたときに、仕事における人間のエネルギーとしての運動エネルギーと位置エネルギーとは何かということなんですが、この比喩で言うと「俺は専務だ」とか「いや、社長だ」というのは位置エネルギーですよね。状態が持っているエネルギー。これに対して「こういうことをやりたい」というのは運動エネルギー。

　若いうちは運動エネルギーでガンガン走っていても、それが徐々に位置エネルギーに転換していき、社長になると位置エネルギーが100パーセントで運動エネルギーがゼロになっているみたいな。これがビジネスパーソンの「エネルギー保存の法則」。

山口　なるほど……。実力主義の社会では人は能力を発揮できなくなるまでは出世するので、組織の上層部はやがて必ず無能な人によって占められ、下層部にいるまだ能力発揮の余地のある人によって駆動されるという「ピーターの法則」を思い出しました。

楠木　東芝の西田厚聰《あつとし》元社長がいちばんわかりやすい例だと僕は思うんです。『テヘランからきた男　西田厚聰と東芝壊滅』（児玉博著／小学館）という素晴らしい評伝があって、これは西田さんの評判が地に堕ちてしまったあと、お亡くなりになる直前に書かれた本です。西田さんは東大で社会思想をやっていたんですね。

山口　確か、エトムント・フッサールの研究をやっていたんですよね。

楠木　それで大学院の時に知り合った奥さまがイランの方で、学問をとるのか、それとも結婚生活をとるのかということで、学問を断念して奥さまと一緒にイランに行った人なんです。当時の日本社会ではかなり珍しいタイプですよね。

　奥さまが日本語ができるインテリだということで現地の東芝に採用されて、西田さんはやることがないから「旦那さんも日本人だから」ということでアルバイトみたいな感じで入社したんですけど、とにかく仕事ができる。すぐに正社員になって、バンバン重要な仕事を任されるようになっていった。たぶんキャリアの頂点は世界初のラップトップ型ＰＣの事業リーダーだと思うんですけれど、ラップトップ型ＰＣの原型をつくって世界ナンバーワンのシェアになった……。

山口　ダイナブックですね。

楠木　そうそう。それほど運動エネルギーに満ち満ちて仕事のできたすごい人が最後にはあんなひどいことになってしまった。僕が生前の西田さんにお目にかかったのは、西田さんが経団連の副会長をやっていらっしゃる晩年のことだったので、僕がこんなこと言うのも失礼なんですけど、事業家として名望轟いていた西田さんが直接会ってみると「ただの経団連のおじいちゃま」という印象だったんですね。「こういうことをやろう」という若い頃の運動エネルギーに満ちあふれていた西田さんが、出世していくにつれ「東芝の中の偉い人」という位置エネルギーに吸収されてしまった、ということなのではないかと思うんです。

山口　僕が言うところのいわゆる「オールドタイプ」ですね。でも、そういう「エネルギー保存の法則」にハマっている偉い人って、けっこう多いんじゃないですかね。

楠木　これも東芝なんですが、西室泰三元社長も極端に位置エネルギーを追い求める人で、究極の肩書きコレクターだったそうですね。亡くなる直前まで「私を日銀総裁にしてくれないか」と自分から言うような大変な人だったらしいんですよ。

山口　困った爺さんですねえ。

楠木　やっぱり間断なくそういう人が世の中に出てくるというのは、位置エネルギーを求めるのは〝人間の本性〟なのだと思うんです。つまりは「状態」を求めるのか「行動（運動）」を求めるのかという話なんですけどね。仕事ができない人ってエネルギー保存の法則にハマっている人なんじゃないかと思うわけです。これが本来持っているはずのセンスを殺す。

例えば状態ばかりを指向する人の例として、僕は「生き残りおじさん」と呼んでいるんですけど、すぐに「生き残りのため」とか言う人がいますね。本来、リーダーたるものは「生き残って何をしたいんだ」という「行動」を表明しなければいけないんですよ。だけどその人にとっては生存し続けるという「状態」がゴールにすり替わってしまっている。「こっち行こう」とか「これを実現しよう」という意思の表明が本来の経営です。

「横串おじさん」と位置エネルギーの〝魔力〟

楠木　ところがやっぱり三角形の中でプロキシに次ぐプロキシで登り詰めちゃう人というのがいて、これはもう社長になっても役割的には「担当者」なんですね。もう「代表取締役担当者」。CEOならぬCET（Chief Executive Tantosha）ですね。社長という役職の担当業務を粛々とこなしている。スタッフの書いた原稿を棒読みの社長とかはまさにそれです。投資家とか従業員とか、世の中やステークホルダーに対するメッセージを発する場なのに人の書いた原稿を棒読み。株主総会の「想定問答集」というのも不思議ですね。自分が経営しているのに、人に想定してもらっている。

あと僕がどうかと思うのは、「横串おじさん」。何かあると「組織に横串を刺して」と言う人がいますね。下のほうで話し合うと、何かしらいい戦略が出てくると勘違いしている。横串の前に、「まずお前が縦串を刺せ」と申し上げたい。

山口　もともと組織は経営管理者が縦軸で情報を流すことで業務執行するのが大前提ですからね。「横串を通して」っていうのは、「関係部門と話し合ってうまくやっといて」というのとほとんど変わりませんね。

楠木　そういう人になってしまうというのが、ビジネスパーソンの墓場なのかなと。それが全部、先ほどのエネルギー保存の法則の説明でしっくりくるんですよ。こういうお偉いさんたちも、きっと若い頃にはもうちょっとガンガンやってたんじゃないかなぁと。

山口　なるほど。年齢的なこともあって仕事ができなくなり、それで有り余った運動エネルギーを、位置獲得のために使っているというのはあるかもしれません。

楠木　僕の忘れられない経験で、まだバブル崩壊直後でバタバタしていた頃なのでずいぶん昔のことなんですけど、ある都市銀行で昼間に勉強会をやるから、そこに話をしに来なさいと言われたんですね。僕は30代前半だったんですけど、行ってみたらもう現役を引退したおじいちゃまばかりで、みなさん、昔はすごく偉かった人たちなんですよ。それで名刺を見ると「相談役」。この辺の肩書はまだわかるんですけど、「最高名誉顧問」とか「社友」とか書かれていて。

山口　その人たちは毎日会社に来ているんですか？

楠木　来てるんですよ。当時はまだ銀行がのんびりしていたから、というのもあります。それで僕は初めて「社友」という肩書を見たんですね。で、その方に「社友ってどういう役割なんですか」と尋ねたら「あー、それはね、友達だよ」っておっしゃるんです（笑）。自然人じゃなくて法人の友達。

山口　法人の友達……遊んでくれる人間の友達がいないんだ。悲しい人たちですねえ。

楠木　要するにみなさん家にいてもやることがないから、会社に来る。「なだ万」とかの高級なお弁当食べながら僕みたいなチンピラを呼んで話を聞いて、ちょっと意見を言うということをやっている。それが一通り終わったところで「まあ君もこういう機会はめったにないだろうし、われわれもそれなりに長いことやってきたんで、君のほうからも聞きたいことがあったらぜひ聞きなさい」とおっしゃっていただいた。
そのときは「この人たちとは現世ではたぶん二度と会わない。会うとしても来世だな」と思ったので（笑）、「でしたら、せっかくなのでお聞きしますけど、みなさんご自身の存在をどうやって正当化していらっしゃるんですか？」と聞いたんですよ。僕も若かったんですね。そうしたら、向こうはもう大物ですから、懐が深い。怒らずに、いろいろとイイ話をしてくださったんですよ。まだご存命だった、昭和の戦後復興を率いた大バンカーの人もいらっしゃって。

山口　まさに〝妖怪〟ですね。

楠木　戦後日本経済史の教科書に出てくるような大バンカーなんですね。この方が「君は若いから、さぞかし今日は嫌な気持ちがしただろう。それはね、君が偉くなったことがないからなんだよ」とおっしゃる。そこで初めて「あ、そういえば俺、偉くなったことなかったな」と気づいた（笑）。「君に偉くなるっていうのはどういうことだか教えてあげよう」とおっしゃるんです。「それは、自分の体から光が出るんだよ。ただね、聖人君子じゃないから本当に光が出ているわけじゃなくて、いろんな人が自分に投げかける注意や注目、これを反射しているだけなんだ」と。

山口　面白いですねえ。

楠木　非常に深い言葉ですね。朝は黒塗りの車で本店正門に来て、車から降りると「あっ、頭取だ」と注目が集まる。「それを光として自分が反射しているだけなんだけれども、やっぱり体から光が出ている気になるんだ。その光を失った人間の寂しさを、偉くなったことがない君はわからないだろう……」。僕のようなチンピラの若造相手に、なんて率直で素晴らしい表現かと感動しました。さすが昭和の大バンカー、シビれましたねぇ。

山口　寂しいから集まりたいんだよと。

センスのある人の「仕事は仕事」という割り切り

楠木　感動した僕はさらに調子に乗って「偉くなったあとに寂しいというのはわかりました。そこでみなさんにおうかがいしますけれども、ここはひとつ受益者負担主義でいくというのはどうですか」と提案したんですね。会社が寂しいみなさんのために有料のパッケージをオファーするとしたら、と聞いたんです。

山口　パッケージとは？

楠木　例えばAコースは会社に来てもいい。社友の名刺も渡します。ただし部屋なんかはありません。でも寂しさを紛らわせるあなたたちが受益者なので月に1万円いただきます。ほかにBコース、Cコースとあって、スペシャルのSコースは、これまでと同じように車が出て秘書がつく、個室がある。その代わりにこれは会社としても大いにコストがかかるので、受益者のみなさんから年間に3000万円いただきますというオファーが銀行から来たら、みなさんはお買いになりますか、と聞いたんです。

そしたら「ま、買うだろうな」っておっしゃいましたね。「キミ、もうちょっと安くならないの？」って（笑）。位置エネルギーの魅力というのは人間にとってそれだけ大きなものなんだと、このときつくづく学んだんです。それはやっぱり僕のような大組織で仕事をしたことがない者にはわからないということなんでしょう。

これが人間の本性だとしたら、洋の東西を問わずそういう「偉い人」はいるわけで、そういう人の心を鎮めるソリューションが必要になる。アメリカのソリューションはもう徹頭徹尾お金ですね。GEのジャック・ウェルチがいい例ですよね。もうあれだけエネルギーがあふれちゃっている人です。退任後も間接的に影響力があるとあとの人はやりにくい。「二度とGEにかかわらないでください、その代わりにこれだけのお金で好きなことをやってください」という話ですね。で、持て余すエネルギーを投資活動や自分の事業に振り向けてもらう、という。

じゃあ日本のソリューションはなんだったかというと、かつては経団連ですね。あれがエネルギーの放出先だった。ところが、もう経団連は役割を終えてしまったので。

山口　完全に存在意義を失った団体ですよね。同じような団体に経済同友会というのがありますが、僕も呼ばれて話をしたことがあって、もう完全に終わっているなと思いました。京都での会議だったのですが、巨大な国際会議場の外に黒塗りのハイヤーが100台以上並んでいて、大会議室に入るとみんな同じ色の背広を着て同じ髪型をしていて見分けがつかないんです。それで何を議論しているかというと

「これからの関西の多様性」なんですね。ドリフのオチじゃないですけど「ダメだこりゃ」という感じで早々に退散してきました。

楠木　今は昔みたいな経団連会長の座を争うなんてことはない。経団連に代わるエネルギーの放出先を日本のスタイルでつくっていかないと、偉くて寂しい人はなかなか難しいんじゃないですかね。分野としては教育とかの方面で活躍してもらうとか、そういうことになるといいと思うんですけど。いずれにせよ、別にその人たちが悪い人だとか愚かな人だからエネルギー保存の法則にハマるんじゃなくて、それだけ人間の本性だということ。それだけに強い自戒、自制、規律が必要なんですね。

山口　経営者になる人はある性向とか資質があって経営者になるわけですが、その性向とか資質が、経営者というポジションを退いたあとでいろんな悪さをする、ということなんでしょうね。ポジションを求めるエネルギーレベルが高くないと経営者にはなれないですからね。

楠木　何を言いたいのかというと、「仕事は仕事」という割り切りというのもセンスがある人のひとつの特徴ではないかと思うんです。仕事ができる人の共通項として、もちろん仕事は情熱を持ってやるんですけれども、一方で仕事をしている自分を客観視しているというか、「ま、しょせん仕事だよな」という、ちょっと醒めたところがある気がする。

「ワークライフバランス」と言いますが、ワークとライフを対立したものとして並置するという語感がある。これはちょっと変で、本来は〝work as a part of life〟ですよね。仕事の上位に自分のライフがある。仕事ができる人には、仕事人である以前に一人の人間、生活者であるという意識が伝わってくる人が多いように思います。

ワークライフバランスがいいとか悪いというのは、要するに時間やエネルギーの割り振りのことを言っているのだと思いますが、ここで注目しているのは、意識の割り振りですね。仕事は人生の重要な一部ですが、全部じゃない。人生の中に占める仕事のパートがあまりにも大きすぎると、興味・関心やモノの見方が凝り固まって、仕事のセンスも殺されてしまうのではないでしょうか。〝Life as a part of work〟という本末転倒。昭和の「企業戦士」というのはそういうイメージですね。

時代からしてそうなるのは仕方がない面があったと思いますが。

山口　だから大きな会社の中で上にあがっていくっていう運動エネルギーから位置エネルギーへの変換のさせ方……。ソニーの盛田昭夫さんとかホンダの本田宗一郎さんみたいに運動エネルギーを持ったままで組織がそのまま大きくなっていって、それにつれて位置エネルギーも上がっていくというような人も今はいなくなってしまいましたからね。経団連の理事をやっている方々でも、創業経営者はもう今では一人もいなくなってしまいましたね。

エリートはなぜ「階層上昇ゲーム」が好きなのか

楠木　山口さんのご本を読んでいて、個人的にいちばん好きなツボが、システムに適応していくと……というくだりです。システムに順応する人は階層性が好きだという話、これはなるほどな、と感心しました。努力した分だけ階層を上がっていく。これがモチベーションになる。

山口　マッキンゼーなどの外資系戦略コンサルティングファームとオウム真理教の

組織が「階層性の明確さ」という点で非常に似ている、という話ですね。両方とも「偏差値は高いけど美意識がヒドイ」という点で共通しています。

楠木　オウムシスターズがあんなに歌がヘタクソなのに、それを恥ずかしげもなくみんなでやっている。一言で言って「美意識がなさすぎる」。この一点でもうオウムは危ないと思ったっていう、あの話。慧眼ですね。教団のトップが設定したルールや方向性に沿って努力すれば上に行ける。そういう世界ではセンスが殺される。

その意味での階層性、事前に設定された階層を上へ上へ登っていくゲームが好きというのは、昭和っぽい大企業のおじさんを連想させますが、そうした旧来のワークスタイルの逆をいくように見えるＩＴベンチャーとか外資系コンサルティングとかも、意外とそういう人が多いという山口さんの指摘、これが僕はとても面白いと思いました。かつての東大法学部→大蔵省→主計局のような階層上昇ゲームが、実は東大→マッキンゼーとか、スタンフォード大→グーグルと相似形にある。

山口　わかりやすい「求められている努力」があって、「これをすれば確実にマウントを取れるポジションを得られる」ということがはっきりしている組織を好む人がエリートには多いんですね。少し前だったら外資系投資銀行、今だったら戦略系コンサルティングファームかイケてるスタートアップですね。それは彼らがまさに「受験勉強をやって偏差値を上げると威張れる」というわかりやすいシステムに適応してきたからですね。ところが世の中というのは「こうすれば威張れる」というのがはっきりしない場所がほとんどなんですね。

とくに平成に入ってからは「どこが威張れる場所なのか？」ということが、よくわからなくなってしまった。「平成」というのは「平らに成る」と書くわけですが、昭和にはまだ存在した社会のヒエラルキーがほとんどなくなってしまった時代ですね。平成になってからすぐにオウムの事件は起こったんですけれども、世の中の差がどんどんなくなってきたというのが昭和の後半から平成にかけての時代でした。階層性が非常に曖昧な社会の中で、偏差値を上げることでひたすら勝ってきた僕たちはどうすればいいのか？　これが彼らを捉えた不安だったわけですね。そこでやっぱり何かしらの階層をつくって、その中でポジションを上げていくというゲームを求めてしまう。これはもう、ある種の性《さが》というしかありませんね。

楠木　本能、本性ですね。

山口　それがマウンティングという行動にもつながる。ちなみに同じマウンティングといっても丸の内のマウンティングの仕方と六本木のマウンティングの仕方はちょっと違うんですね。丸の内は先にも言ったように学歴や会社のブランド、あるいはスキルでマウンティングしようとする会話が多いんですが、これが六本木や青山、西麻布あたりになるとセンスでマウンティングを取ろうとする人が多いんです。会話を聞いていると「あれはダセぇ」とか「あれはイイ」とか、お互いにセンスの目利きをディスったり褒めたりしている。しかし、そもそもセンスに序列をつけたがるっていうこと自体が、すでにセンスないよな、という気がするんですけれども。

楠木　それって本当はマウンティングにならないでしょう。普通なら「あ、お前そっちのほうが好きなのか。俺はこっちが好きなんだけど」で終わっちゃう。

山口　僕も本来はそれでイイじゃんか、と思うんですけれどもね。あの世界にはあの世界なりの序列があるみたいで、例えば「この服、藤原ヒロシさんに褒められちゃってさ」とか言おうもんなら「それ、ダサくね？」とはもう絶対に言えないっていう雰囲気なんですよ。ああいう世界でも、やっぱり日本人は「権威主義」になっちゃうんですね。センスの裏づけを権威に求めてるんです。

楠木　なるほど。

山口　一種の茶番なんです。昔っから茶道の世界でも「利休が評価した」っていうだけで値段が跳ね上がるということがあったわけですね。大したことのない茶器に法外な値段をつけて売る、いわゆる「売僧《まいす》」です。これが秀吉の逆鱗に触れて利休は切腹させられたという説がありますね。本来は「茶器の好み」だって人それぞれのセンスでいいところに、「利休好み」という「センスの権威づけ」がなされると、それが普遍的な価値に転化して価格が跳ね上がるわけです。これは現代でもいますけど、その結果として、「これは利休好みです」みたいなことをヘラヘラ自慢する人も出てきて、それを「ふーん……でもダサくね？」とでも言おうもんなら「アイツはセンスが悪い」と断じられて、下手をすれば出入り禁止なんですね。

楠木　だけどセンスのいい悪いはそもそも比べられないでしょう。

山口　まったくそのとおりだと思います。本来は「好き・嫌い」の問題でいいんじゃないかと思うんですけど、彼らは自分から好き好んでヒエラルキーの中に飛び込んでいくわけです。そういう序列の中に入って自分の位置づけを高めていくというのが大好きなんです。さきほど議論になった「位置エネルギー」みたいなことが、センスの序列においても発生しているように思いますね。この「権威大好き」「階層性大好き」というのは楠木さんの言う「好きなようにしてください」というのとは、非常にソリが合わないんですね。

「ビンタしてから抱きしめる」と「抱きしめてからビンタする」の大きな違い

楠木　仕事ができる人とできない人を対比するときにわかりやすいのが、これまでも話題に出たことですが、できない人って箇条書きが好きなんですね。ＴｏＤｏリストが大好き。ここで箇条書きというのは物事の「並列」という意味で使っているのですが、並列的な思考の問題点というのは時間的な奥行きがなくなることなんです。並列的思考はセンスを殺すと思います。「So what?」が捨象されてしまう。あらゆる仕事は最終的には成果につながらなければ意味がない。ところが、並列的な思考だと成果へのつながりという論理展開がなくなってしまう。

「時間的な奥行きが大切だ」と言うときの時間というのは、物理的な時間ではないんですね。論理的な時間です。「長期的に考えろ」と言うと「それは5年以上でしょうか」とか聞いてくる人がいる。「いや、オレは10年で考えてるからオレのほうが長期だ」とか言う人もいる。そういう話ではなくて、仮に物理的な時間で計ったときにはたったの1カ月だとしても「こういうことが先行して起きて、こういうことができるようになる」「次にこういう道が開けるので、ああなってこうなって」という論理的な時間のことを言っているわけです。論理というのはあることと別のことの間の因果関係ですから、そこには必ず時間がある。論理は常に時間を背負っている。僕がずっとこだわって考えている「ストーリーとしての競争戦略」にしても、そういうことなんですね。

山口　「風が吹けば桶屋が儲かる」ですか。

楠木　「風が吹けば……」だと蓋然性が低い話になってしまうんですが、現状のXからあるべき姿のYに到達する間に何重ものロジックのステップがあって、そこでみんなが「そうだよねえ。よし、まずそのことからやっていって、最終的にはこれを目指そう」と共感してくれるような蓋然性の高いロジックでつながったストーリー。これが優れた戦略の条件ですね。やはり論理がないと伝わらない。論理がないとみんなが乗ってくれないので、実行にも至らない。

ごくあっさり言うと「順番の問題」ということです。わかりやすく譬えれば、「ビンタしてから抱きしめる」と「抱きしめてからビンタする」の違い。競争戦略は他社との違いをつくろうとするものですが、違いの正体にしても順番の問題だというのが僕の年来の主張です。

山口　一つひとつの「営為そのもの」の違いよりも、その順番が大きな違いを生む、ということですね。

楠木　数学で順列・組み合わせというのを習いますよね。組み合わせで記述すると、「ビンタ・抱きしめ」と「抱きしめ・ビンタ」は等号でつながってしまう。組み合わせには時間が入っていないから。だけど順列で記述すれば、「ビンタ→抱きしめ」と「抱きしめ→ビンタ」はまるで違う。戦略構想の8割方、他社との差別化などと言っているうちの大半はこの意味での順列問題として説明できるのではないかと思ってるんです。やたらと「シナジー」という言葉を連発する人、私的専門用語で「シナジーおじさん」と言っているのですが、「相乗効果を追求し……」とかすぐに言う。僕は聞いた瞬間にセンスを疑います。

山口　どうやってシナジーが出るのかというメカニズムがわからないままに「シナジー」と言う人は多いですよね。

楠木　そういう人は頭の中がことごとく組み合わせ問題になっちゃってるんですよ。「ToDoリスター」になっちゃう。箇条書きレベルでみんなが思いつく打ち手は、だいたい似たり寄ったりで、持続的な違いにならないんですよ。商売についていえば、まったく違うものを思いつくことはほとんどないというのが実際のところで、本当の違いは打ち手の時間的なシークエンスにあるんです。

山口　前の章に出た、IBMのルイス・ガースナーやマクドナルドの原田泳幸さんの例ですね。

楠木　ガースナーと原田さんはシークエンスで勝負する経営者の典型ですね。ずいぶん前ですけど、ある大手小売り会社の経営者と、「こういうようなことを考えてこれでいこうと思ってるんだけど、お前はどう思うんだ。意見を述べよ」というやりとりの機会が定期的にあったんです。それである大きなプロジェクトの話が出てきて、要するに「これからはグループの総力を結集して」という話なんですね。だいたいに「総力を結集して」というあたりからもうヤバイんですが、その内容はというと「ネットとリアルの融合」。それを聞いた瞬間に僕は「これは筋が悪いな」と思って、「これでなぜ儲かるんですか。何が競争相手に対して独自の価値になるんですか」と尋ねました。だけどその経営者はひたすら「いや、これからはネットとリアルが融合するんだよ！」みたいなことを言うだけなんです。本当は自分でもなぜ儲かるのかがわかってないのではないかと思いました。

山口　まさにシナジーおじさんだ。

楠木　一流の経営者は、「初めからシナジーなんかない。それは自分でつくるんだ」という考えだと思うんですよ。結果的にシナジーを手に入れられたとしても、それは自分がいろんな物事をある時間配列の中で組み立てていった結果としてできるんだと。

山口　成果に至るシークエンスを経営者が描いていて、そのシークエンスを構成するピースに欠けている要素がある。その欠けている要素が自社だけでは用意できないから提携やら合併やらによって埋め合わせる。それを総称して「シナジー」ということになるわけですが、やたらと「シナジー」と叫んでいるだけの人は、そのシークエンスが描けていないんでしょうね。

センスある経営者は「『それでだ』おじさん」

楠木　僕は新浪剛史さんの経営人材育成の仕事のお手伝いをずっとやっています。2014年に新浪さんがローソンからサントリーに移った時、「ジム・ビーム」のブランドで有名なアメリカのビーム社を買収することはすでに決まっていたんですね。買収金額は総額で約1兆6500億円ですから、サントリーとしても乾坤一擲の大勝負です。それが先に決まっていて、これをどうやって捌くのかとなったときに、それはもう新浪さんしかいないということだったと思うんですね。

それで新浪さんがサントリーに移ってまだ間もないころ、わりとゆっくりと新浪さんとディスカッションする機会があって、そこで非常に印象深い話が出たんです。その頃、記者会見で「ビーム社の買収の件ですけれども、シナジー効果は?」という類の質問が決まって出ていたんですが、新浪さんに言わせれば「そんなこといま聞かれても困るよね」。なぜかというと、「シナジーなんかない。はいどうぞ、というようなそこにあるものじゃない。だからオレがつくりに来たんだ」と言ったんです。これこそ経営者だと思うんですね。

山口　自然とシナジーが生まれることなんかないというのを、新浪さんはわかってるわけですね。

楠木　さすが！　と感服しました。ビーム社は上場企業でしたからね。伝統ある会社として、ある意味出来上がっている。最終的にはサントリーグループとしてシナジーを達成するにしても、それに至る道のりは容易ではない。そんなときに新浪さんはとにかくまず現場へ行く。現場の人と会って「サントリーはこうやって造ってるんだけど、ぜひビームのやり方からも学びたい」みたいな話をするわけなんです。

もともとビーム社の社長は現場に顔を出したこともない。開発や製造の現場は軽視されていた。だけどその現場には昔からのビーム社の伝統を背負ってバーボンを造っている人々がいるわけです。

そこで新浪さんが現場にそうやって足を運ぶと現場の人は感動しますよね。「なんか、ずいぶんいいところが買収してくれたよ」となる。そうやって現場の気持ちをつかんでおいてから京都の天王山の麓にある山崎の蒸溜所にビーム社の幹部を集める。もう軟禁状態。そこでモノづくりに始まるサントリーのスピリットを徹底的に共有する。山崎の蒸溜所の辺へ行ってしまうとほかに行く場所なんてないですから、そこで雪隠《せっちん》詰めにしてサントリーの歴史から何から全部わからせていく。

最近になっていよいよ成果が出てきたと思います。例えば商品でいうとサントリーのハイエンドのウイスキーのグローバルな成功とか、ハイボールなんていう新しいカルチャーによって日本だけじゃなく世界中でウイスキーの消費が上がっているとか、ジンでいうとロックとか。そういったものは確かに、結果的にはサントリーとビーム社のシナジーという話ですが、長い時間をかけた経営が強烈な意図を持って生み出したもので、初めからあったわけではないんですね。

山口　組み合わせさえすれば自然に生まれるということではないですね。戦略の結果として、という部分が大きいです。

楠木　それなのになぜみんなが並列、箇条書き、Ｔｏ Ｄｏリスターのほうに流れていくのか。僕は最大の理由は「時間」というものが目に見えないからだと思うんですよ。

山口　ストーリーには必ず「時間」がありますからね。

楠木　これも僕が好きな話なんですが、浅井カヨさんという人がいて、この人は大正時代の〝モダンガール・モダンボーイ〟の文化の研究をしている方です。彼女がすごいのは、単に関心があるだけじゃなくて実践家なんです。当時の都市部のモガの生活をそのまま実践している人で、服装はもちろん、家の電話は黒電話で、当然テレビなんかはなくて、冷蔵庫は氷を入れて冷やすという時代のものを使っている。そういうちょっと変わった方なんですが、これまたすごいなあと思うのは、彼女はご結婚なさっていて、旦那さんが〝モダンボーイ〟の実践者。モガとモボ、気が合うに決まっていますよね。東京に当時の日本人の生活を完全に再現した家を建てて、二人でそういう生活実践研究をなさっている。素晴らしいですよね。

その浅井カヨさんがインタビューで「これだけ実践していらっしゃるわけですから、さぞかし大正時代に生まれたかったでしょうね」と聞かれて「いや、絶対に今がいいです」。なぜかというと、「もし私が大正時代に生まれていたら、江戸時代を研究しているに決まっている」。つまり、時間というものは常に流れている。ダイナミックなものなので、しばしば遠近感を失ってしまう。それが僕は時間というものに固有の特徴だと思います。

「シナジーおじさん」と対比して、時間的な奥行きがある直列思考の人のことを僕は「『それでだ』おじさん」と呼んでいるんです。僕の分野は競争戦略ですから、出発点はいつも「競争があるなかで、なぜある会社は儲かり、別の会社は儲からないのか。その論理は何か」という問いにあります。経営者と話したいことも、つまるところは「社長、なんでこの商売は儲かるんですか」——。収益の背後にあるストーリーを知りたいわけですよね。そのときに「うちはこういうことをやってるだろ」→「そうすると、だんだんこういうことができるようになるんだよ」→「やっているうちに客もこうなってくる」→「それでだ……」と、ここで儲かるポイントが出てくる。これが「『それでだ』おじさん」。僕の思うセンスに優れた経営者の思考回路ですね。

山口　流れがあるということですね。

楠木　そうなんです。思考や構想に時間的な奥行きがあり、論理でつながっている。

　ある日本の会社が買収したフランスの事業がガタガタになった。いろんな人をテコ入れのために日本から送っても、みんな刀折れ矢尽き果てて帰ってくる。とにかく大変な問題が山積しているので、問題を全部リストアップして、これは誰が担当してこうやって解決するというふうに一つひとつ解決していこうとするんですね。これがうまくいかない。

　ついに切り札のエースが乗り込んでいく。この人が仕事ができるんですね。「ここまで来たら、とにかく今ジタバタしてもしょうがない。まずはここだけ徹底的にやる。あとは放っておいていい。ここがなんとかなれば、あとはなんとかなるから」

というやり方をとった。業務の基幹システムみたいな話なんですけど、まずここに集中する。ここの問題が解決すると次はこっちが自然と楽になってくるという、要するに「『それでだ』おじさん」なんですよ。現場の人に話を聞くと、このリーダーが来て一気に明るい気持ちになったと言うんですね。順列で考える優れたリーダーには人がついてくる。そこにストーリーがあるからなんですね。数字や目標では人はついてこない。ストーリーに乗ってくるんですね。

「独自のストーリー」があるから同じものが違って見える

楠木　成功者について、「ほかの人間とは景色が違って見えている」ということをよく言いますね。これは、その人の独自のフィルターを通したときに、同じものが「違って見える」ということだと思うんですよ。つまり「differently」という副詞であって、本当に「differentなものを見てる」んじゃない。古い話ですが、「ボールが止まって見える」と川上哲治は言ったのですが、本当にボールが止まっているわけじゃない。ここでフィルターに相当するのが、その人が持っているストーリーなんだと思うんです。

結局、なんで商売で儲かるかというと、ほかの人が知らないことを知っているとか、できないことができるとか、そういうことですよね。それが戦略の原点ですから。オリックスの宮内義彦さんと話をしてるときに「僕から見ると、オリックスってなんで儲るのかわかりにくい会社ですよね」と言ったら、「お前みたいなヤツにすぐわからないから儲かるんじゃないか」と言われました。ホントにそのとおり。

山口　見えないものが見えている。

楠木　これはその人にしか手に入れられないような「特別の秘密情報」というものではないんですね。そういうのを持ってくるのは、だいたい詐欺師。

山口　情報とかツールはコモディティですからね。どんどんコモディティ化されていって、しかもいろんなベンダーが「どうぞ見てください」と見えやすいように持ってきて見せてくれるわけですから、そこで差をつけることは難しい。

楠木　なんで知らないことを知っているのか、見えないものが見えているのかというと、結局その人が持っているストーリーからして同じものが違って見えるのではないか。自分なりのストーリー上に位置づけることで、個別の要素が独自の意味を持ち始めるということだと思うんですね。ＡＩのような飛び道具感の強いものほどそうですね。先にこっちにストーリーがなければならない。そのストーリーの中のこの部分にＡＩを入れると、ほかの要素とこうつながって一気にコストが下がって利益が出るというように、全体の文脈の中で初めてＡＩの効果が出る。ＡＩという要素自体に意味があるわけではなくて、価値をつくっているのは独自のストーリーのほうなんですね。

山口　戦略は全部「特殊解」であって、すべてが文脈に依存していて一般的な解はないですからね。逆に言えば、論理を積み重ねていきついた解が他者と同じであれば、それは論理的に正しくても最適解ではない、ということですよね。

楠木　だから戦略に限っていうと、一般理論はいつまでたってもできないと言ってもいい。ところが「ベストプラクティス」が好きな人はワンフレーズやキーワードにすぐに飛びつく。飛び道具を欲しがるんですね。需要があれば必ず供給がある。いつの時代でも、人々をそそる「旬の飛び道具」が出てくるという成り行きです。

ちょっと前だと「ビッグデータ」、今だと「AI」とか「IoT」。あと、よくあるのが「なんとか3・0」。

しばらく前にあるメディアから「商社3・0」という特集記事への寄稿を求められたとき、僕は「商社3・0なんてない」というタイトルで書かせてもらったんですよ。そもそも「商社3・0」ってなんなのか。かつての輸入とか輸出とかトランザクション中心だった頃の商社が1・0で、事業投資とそこへの経営参加が中心になった現在の総合商社を2・0と言うならまだわかる。両者の間には質的な違いがありますからね。ところがそれと質的に違う3・0というものには、商社はまだなってないわけで。ま、確かに新しい変化はあるかもしれませんが、そんなに細かいところで区別すれば、商社のように歴史が長いところは今ごろ3・0どころか「商社30・0」になってしまう。

山口　2・0、3・0って言いたがる人、確かにいますね。

楠木　僕はそういう人に必ずツッコミを入れたくなる。「3・0とおっしゃいますが、だとしたら2・0ってなんだったんですか。3・0との本質的な違いはどこにあるんですか。いずれは4・0もあるんですよね」と問い詰めると、「いや、『気持ち3・0』なんだ」と。

山口　気持ち（笑）。

楠木　「何か新しいこと」というニュアンスでしかない。結局こういうものは全部、飛び道具を欲しがる需要と、それを当て込んで飛び道具を見せたいという供給側の色気がかみ合ってそうなっている。

山口　そうなんですよね。

楠木　ビジネス書でも〝必殺技伝授の書〟が実に多いですね。ストーリーやシークエンス抜きに、ひたすらワンフレーズ理解とかキーワード理解になっていく。ビジネス言説の世界にいると、もうこれまで「賽《さい》の河原の石積み」状態です。積んでは崩され、積んでは崩されみたいな。ちょっと前だと「これからはインターネットでデジタルで水平分業モデルだ。垂直統合は古い」と言ったかと思えば、そのうちに「やっぱ垂直統合の強みが」と言い始める。うまくいかないと「いや、農耕民族だから」とか、もう全部ロジックをすっ飛ばしてワンフレーズで理解しようとする。「なぜ」というロジックがきれいさっぱり抜け落ちているんですね。

山口　旬のキーワードに飛びつくというのも、一種のマウンティングなんでしょうね。最新のキーワードを使っている、ということを自分の主張を押し通すための箔付けに使っている、一種の「ドス利かせ」なんです。評論家が最新の哲学・思想のキーワードなんかを織り交ぜながら意味不明な駄文を羅列していて、要するに「どうだ、俺はアタマいいだろ?」というメタメッセージを送ろうとしているだけということがよくありますが、あれと同じ気がします。「どうやったら儲かるのか」ということ、ある意味で「地味な問題」にトコトン向き合って答えを出すことができないので、短兵急に最新のキーワードを連呼して「俺ってイケてるだろ?」というメタメッセージを送っているんでしょう。

「これからはサブスクだ!」が見落としているもの

楠木　最近のワンフレーズ系飛び道具で典型的なのは「サブスクリプション」という言葉。「これからはサブスクだ」と言うんですね。定額課金方式は確かにメリットがあるし、さまざまな成功例もある。よく例として使われるのがアドビのサブスク化ですね。「昔はパッケージの売り切りでやっていたけど、サブスクリプションに大胆に転換して、トップラインも利益も増大して時価総額も伸びたじゃないか」と言う。確かにそのとおりで、それなりに社内での利益の相反もありながら、アドビはそれを乗り越えてしっかりと収益につなげていった。素晴らしい戦略であり経営だと思います。

しかし、これは本当に「サブスク」の成功なのか、もう少し考えてみる必要がある。アドビの成功は、どう考えてもサブスク以前にPhotoshopみたいな超強力なタマがあったからできたことだと思うんですよ。アドビのソフトウェアは、単にユーザー数が多いだけでなく、ユーザーであるクリエイターからして、「Photoshopでないと仕事にならない」わけで、ものすごく粘着性が高いツールですよね。

そういう意味で特別よくできたタマがあって、それを10年、20年と売りまくってきて、プロダクトに依存するクリエイターやデザイナーがいっぱいいる。アドビがサブスクリプションにして成功したのは、サブスク以前にこうした条件が揃っていたということが要因として大きいに決まっている。むしろ因果関係が逆で、そうした条件が揃っていたからこそ、アドビは思い切ってサブスクに舵を切ったわけです。アドビのそれまでの戦略ストーリーのありようを抜きにして、「サブスクの時代です」みたいなことを言う人は、いかにも仕事ができないと思います。

飛び道具めいたものが手に入るとなると、人間は高揚したり安心したりする。そうするとますます「なんで儲かるのか」という本丸のところ、一連の論理の連鎖に目が向かなくなるんですね。

ビッグデータをＡＩにかければ、ありとあらゆる相関関係が見えてくるでしょう。でもそこには因果がない。ロジックフリーなんです。因果関係と相関関係は似て非なるものです。現象として相関してるものも、そこにロジックがないと意味はない。結局のところは人間がいちいちロジックを見出していかないと差別化につながるようなアクションはとれないと思うんです。ところが、皮肉なことに情報が増えるほど一個一個に注がれる注意は減っていく。因果が失われていく。「やるべき重要なことは、これとこれとこれですよ」という並列思考になっていくと思うんですよね。

そこに飛び道具の罠がある。ＡＩに「もっとも重要な相関だけを選んで持ってこい」と言ったらたちどころに持ってくるんですけど、それでも数が多すぎる。もっと手前でＡＩに「意味のある相関」を見つけさせるためには、人間があらかじめ論理と因果をＡＩにプログラミングしておかなければいけない。

山口　人間は意味がわからないとモチベーションを感じませんからね。ＡＩが弾き出してきた相関になんらかの因果が宿っている可能性はありますが、その関係性がブラックボックスになってしまうと人間は「意味」を理解できず、モチベーションを感じられません。当事者がモチベーションを感じていない事業は、絶対にうまくいきませんからね。

元祖〝センス派〟カール・ワイクの究極セッション

楠木　ＡＩの時代と言いますが、ますます「センスメイキング」が大切になっていると思います。カール・ワイクという先生がいるんですね。１９３６年生まれの大家で『組織化の社会心理学』という素晴らしい本がある。僕が何十年か前、学生の頃に読んで本当に感銘を受けた本のひとつです。この人は元祖「センス派」。

山口　私も以前に読みました。かなり分厚い本ですよね。

楠木　僕が30歳になるかならないかぐらいのときのことですけど、カナダのマギル大学にいたヘンリー・ミンツバーグ先生をリーダーとしたエグゼクティブ教育プログラムのファカルティ（教員組織）に入ったことがあったんです。どういうプログラムにしようかと設計から手伝ったのですが、ミンツバーグさんがワイク先生をゲストで呼んできてひとつセッションをやりたいと言うんですね。経営学者としてはミンツバーグさんもセンス派の本家本元みたいな人ですから。

山口　カール・ワイクはもともと心理学者ですよね。

楠木　組織心理学者ですね。ワイク先生に会えるというので僕としてもうれしかった。で、ミンツバーグさんは〝Karl Weick to Listen〟というセッションにしよう、と言うんです。参加者はいろんな会社のマネジャー、エグゼクティブクラスです。自分の仕事で考えていることとか、自分が長い間にわたって直面している解決がつかない問題とか、いろいろとあるものを車座形式でワイクに聞いてもらう。これがワイク先生の本領発揮でいちばんいいんじゃないかというんで、まずはワイク先生がみんなの話を聞くというセッションなんですよ。

で、ワイク先生のセッションの日のことなんですが、受講生がもういろいろんな話をするんですよ。「先生、実はね」って。そうするとワイクは「うーん、なるほどなぁ。まあそういうもんだろうなぁ」と聞いてるんですよ。まさしく「to listen」。それで時間になったら、「じゃ」と言って帰るんです。本当に聞くだけ（笑）。

山口　リスンのみ（笑）。

楠木　「これ、〝Karl Weick to Listen, Literally〟じゃないですか」と言ったら、ミンツバーグさんが「これがビジネス教育の究極なんだ」と。実際にみんな、満足してるんですよ。

山口　満足してるんですか。

楠木　「すっきりした」「わかった」とかね。ここまでいけば、センスも究極だなっていう。ホントに腰が抜けるほど感動しました。

山口　究極ですね。

楠木　話を聞いてもらうという行為を通して、みんなが意味を形成をしているんですよ。これがワイク先生の本を読んでいない生徒ばかりだったら、ただのおじいさんが来ているようなもんです。ところが、もう勝手にみんなが意味形成してる。ワイク先生が持っている強烈な文脈とか、彼の論理が受講者の頭の中にすでにある。そのうえでみんなが自分の仕事について考え、その文脈、ストーリーの中で「ワイク先生、これが問題のカギだと思っているんですが……」と言ったときに、もうほとんど終わってるというか、そこで答えは出ちゃってるんですよ。とどめにワイク先生に「まあ、そういうもんなんだろうなぁ」と言われると「そうかぁ」と納得する。これが究極。

山口　そこは「パワーポイントが使えない」というのがポイントだと思うんですよね（笑）。

楠木　そりゃそうだ。

山口　パワーポイントは二次元平面に情報を整理して見せるツールなので、どうしても情報を並列で見せることになりますよね。「現状の課題」とか「今後の打ち手」

といったタイトルの下に二次元平面に情報が並列する。本来の思考は時間軸に沿ってシーケンシャルに進んでいくものなので、パワーポイントを使う場合は、それらの情報を自分で時間軸に組み立て直して説明しないといけないんです。

楠木 そうそう、おっしゃるとおり。

山口 一方で、自分の話を聞いてもらうというのは、そうすることによって自分にも整理できていなかった時間軸や論理のシークエンスが見えてくるということなんでしょうね。

楠木 パワーポイントも使い方次第で、時間的な展開をうまく考えていればいいんですけど、パワーポイントが高機能化していくと、ありとあらゆるテンプレートとデザインに乗っかってしまう。

山口 そうですよ。そうなんです。

楠木 そういうのはすべて並列箇条書き思考を促進する。並列でなく、直列が大事なのに。その意味でテンプレートは確実にセンスを殺しますね。

最旬ビジネスワードという〝飛び道具〟の誘惑

山口　アルファベットを羅列したキーワードって5年に1つずつぐらいのペースで出てくるじゃないですか。最近だとOKR（Objectives and Key Results＝目標と成果指標）」とか、OODA（ウーダ。Observe＝観察、Orient＝方向付ける、Decide＝決定、Act＝行動。目標達成のための4段階。もともとは米空軍パイロットのための意思決定プロセス）なんかが典型ですね。ちょっと前だとBPR（Business Process Re-engineering＝ビジネスプロセスの再設計）とかERP（Enterprise Resource Planning＝経営資源配分の最適化）があって、さらにさかのぼればCRM（Customer Relationship Management＝顧客維持管理）やSFA（Sales Force Automation＝営業プロセス管理）なんかも騒がれましたね。もう次々に出てくるので、ここらで究極のを提案したいなと僕は思っていて、それは「MNA」なんですね。なんの略かって言うと「もうなんでもあり」という（笑）。

言ったもん勝ちですからね。どれも言っているのは当たり前の話で、それをさも新しいコンセプトのように仕立て直してリボンをかけて売り込もうという人が後を絶たず、それに「待ってました」と懲りずに飛びつく人がさらに輪をかけて後を絶たない。

楠木　それこそ「賽の河原の石積み」ですね。それは結局、供給側のプロモーションというか、供給側の商材のラッピングみたいな話なんで。やっぱり彼らは全力でマーケティングしますからね。それに、3文字言葉を口にすること自体が何かうれしいという人も少なからず存在する。それさえ言っておけば何かいいことをやってるような気になる人たちですね。もうだいぶ旬を過ぎましたけど、一時の「プラットフォーマー」なんていう言葉も、「これからはプラットフォーマーが覇権を握る」とか、そういうことを言うだけでみんなすごくうれしくなる。

山口　「流行りの言葉を使いこなせる仕事のできるオレ」のイメージに酔っちゃうんでしょうね。

楠木　GAFA（Google Apple Facebook Amazon）はメガプラットフォーマーだからスゴイんだ、という話。とにかく「GAFA」と言いたくてしょうがない。GAFAとひとつにまとめるけれど、そもそもグーグルとアップル、フェイスブック、アマゾンでは全然商売の中身が違いますからね。これを一括りにプラットフォーマーと言うのは、JR東日本とヤマト運輸とANAと俳優のジェイソン・ステイサム(映画『トランスポーター』に主演)を一緒にして「トランスポーター」と総称するようなものです。僕はぜひお勧めしたいのですが、GAFA4社のアニュアルレポート、SEC(UNITED STATES SECURITIES AND EXCHANGE COMMISSION=米国証券取引委員会)で公表している資料を、単年度分だけでいいからじっくり読んで、比較してみるといい。すぐにネットでダウンロードできます。GAFAは戦略も収益構造も、まるで違う会社だということがすぐにわかる。

でも、そういう商売の中身には立ち入らず、とりあえずの結論が「これからはプラットフォーマーの時代だ」。実に空疎です。イオンもウォルマートもセブン-イレブンもプラットフォーマーと言えばプラットフォーマーですからね。JR東日本もそう。あれだけプラットフォームを持っている会社はほかにない。

山口 まさにプラットフォーマーです(笑)。

楠木 東京駅の一日の乗車人数だけで約47万人ですよ。

山口　現物のプラットフォームを持っている。

楠木　やっぱり人間は面倒くさがり屋ですね。とにかく頭を使う労を厭う。だからワンフレーズ、ワンキーワードで理解しようとする。

山口　必殺技に頼る、飛び道具に頼る思想ですね。

楠木　そうそう。16文キックみたいな必殺技がどこかにあるはずだと。こっちがいくら「そんなものはない」と言っても「いや、それでもダメなら32文ロケット砲だ」みたいな。

山口　クロスカウンターみたいにどんどんバージョンアップしていく。ダブルクロスだ、トリプルクロスだって。でもその必殺技の出てくるプロセスって、あれはけっこう意味深で、結局最後は必殺技で勝つ。そこにシーケンシャルな考え方はない。本来はシーケンシャルな連続した流れがあって、その最後にようやく必殺技で勝負が決まるんです。

楠木　それなんですよ。まさに。必殺技はあったとしても、むき出し単体では使えない。

山口　「とにかく飛びついてみたい」という感覚がすごくあるんだと思うんです。さっきのOKRとかBPRとか、プラットフォームとかシナジーとか、「こういうことを言うとカッコよく見える」とか、「流行り言葉らしい」といった理由で無批判に飛びついてしまう。そして、水戸黄門の印籠みたいに「プラットフォーマーだ」とか「GAFAではこうやってる」みたいなことを言われると、それを聞かされるほうも「うわっ、この人にはちょっと反論しないほうがよさそうだ」みたいな習性が身についてしまう。「だからなんなんだ。ウチはそもそもやり方が全然違うんだ」とは、どこか言いづらい。

楠木　飛び道具は決め台詞にもなる。「このプラットフォーマーの紋所が目に入らないのか、控えおろう！」（笑）。

山口　そこは知識でマウントしたい。最新の知識で上下関係をはっきりさせてマウントしたい。威張りの構図だと思います。

楠木　前にも話したプロキシですが、キーワードがプロキシになってしまう。本当は業務で成果を出すことが目的のはずなのに、それが個人的な優越感を示すとかいうことにすり替わってしまうんでしょうね。

山口　ＩＢＭの再生計画を発表した時のガースナーと記者のやりとりですね。記者たちはガースナーの再生計画を聞いて、それが地味で地に足のついた話ばかりで、当時流行りの経営キーワード、つまり「ビジョン経営」とか「分割」とか「アジャイル」とか「ダウンサイジング」という言葉がまったく出てこないのにビックリしたわけですが、とにかくキャッシュフローを改善して集中治療室から出る、という単純かつ深刻な問題に向き合っているガースナーにとっては、そういう流行りワードを弄ぶ記者こそ無責任に見えたんでしょうね。

「インサイド・アウト」か「アウトサイド・イン」か

楠木　なぜ飛び道具や必殺技のようなものを求めるようになるのか。「インサイド・アウト」か「アウトサイド・イン」か、という思考様式の違いに分かれ目があると思います。仕事ができない人というのは、だいたいアウトサイド・イン。これがセンスを殺す要因として大きいのではないか。最適な解がどこかに落ちているはずだからとブワーッと幅広く外部にあるものをサーチして、そこからいいものをピックアップして問題を解決しようとする。これがアウトサイド・インのアプローチです。

インターネットをはじめとするITは、アウトサイド・インの人にとっては最高のツールです。技術の進歩には人間の思考をアウトサイド・インの方向に振っていく面があると思います。アウトサイド・インの人は「これからどうなるのか」をすごく知りたがる。どうなるのかを知ったうえで、数多くのオプションのなかから正しい解を選択しようとする。だから未来予測とか「これからなくなる仕事」とかいう話が大好きなんですよ。「2030年はこうなる」とか。

山口　でもそういう予測はほとんど当たらないんですよね。

楠木　僕はそういう本をコレクションしてるんです。『1995年の世界』とかいう本が、当然1970年には出ているわけですよね。1999年に出た『2015年の日本』とか。いま読むとしみじみと面白いですね。頓珍漢なことが書いてある。1999年時点の予想では、今はもう日本から総合商社がなくなっているはずですからね。

なぜそういう未来予測の本を読みたがるのかというと、アウトサイド・インですから、外界を広く知ればどこかに最適解があるはずだという前提なんですね。

山口　要するに「答えを教えてください」ということですよね。自分で考えるのが面倒だから。コンサルティング会社って「未来予測のプロジェクトを立ててほしい」という依頼がすごくたくさん来るんですよ。

楠木　でしょうね。やっぱりそういう需要が強い。

山口　僕もこれはいったい何だと思っていたんですよ。すごく大きなパラドクスがある気がしていて。というのは、予測できる未来に意味はないわけですよね。予測できない未来に価値があるんですよ。だけど予測できない未来というのは、どうやったところで予測できない。

楠木　ま、定義からしてそうですね。

山口　リーマン・ショックは2008年の夏ぐらいから非常にはっきりしてきたんですけど、僕はその前の1年ぐらいのうちに世界中のシンクタンクや金融機関が出した経済予測を集めて調べたことがあるんです。だいたい「景気拡大は続く」とみんな言っているんですよ。ごくごく少数「危ない」と警告を発する人もいるんですけど、あまりにマイナーな意見だとして、それは無視されている。これはパラドクスです。

予測できる未来に意味がないのにコンサルティング会社に1億円かけて未来予測を依頼する。果たして、その予測どおりになったとすれば、そのあとに特別なことは何も起こらない。逆に予測どおりではないことが起こったときにはものすごく大変な事態になるんですけど、それは誰にも予測できない。予測している人は一部にはいるんですけど、「すげぇ変わり者」と言われて無視されているんです。

楠木　未来予測という作業は本人にとってはけっこう気持ちがいい。

山口　日本でいちばん最初に検索エンジンのサービスを始めたのは1995年の「NTT DIRECTORY」なんですね。ヤフージャパンのサービス開始が96年4月ですからヤフーは後発なんですよ。当時のNTTでは東大の数学科を出て博士号を持っているような人が研究所に集まって検索エンジンをつくったんです。結果は惨敗ですよね。

電子商店街や電子商取引にしても、アマゾンが始めたのと同じ時期にＩＢＭが「ワールドアベニュー」というのを始めているんです。

楠木　そうなんですね。

山口　これは会社の人材登用法の話にもなるんですけど、人もある、金もある、技術もある、ネットワークもある、ブランドもある、何もかも持っているＮＴＴやＩＢＭのような会社と比べて、最初の頃のヤフーやアマゾンにはなんにもない。ベンチャーキャピタルからの投資もやっとのことだし人材もない、ブランドもない、ネットワークもない、技術もない。これはもう巨人兵士ゴリアテとダビデみたいな戦いです。だけど結果的にはダビデ側のヤフーやアマゾンが勝って、巨人ＮＴＴやＩＢＭは完膚なきまでに叩きのめされたわけです。ブロックバスターとネットフリックスの関係も同じですね。

このとき負けた側には何が足りなかったのかというと、これはやっぱりひとつしかない。モチベーションなんですね。ＮＴＴやＩＢＭにはミッションはあってもモチベーションがないんですよ。

楠木　本心ではそれほどやりたくない。

山口　上司から「仕事だからやれ」と言われた。「アメリカでは検索エンジンというのが始まったらしい。ウチもつくるぞ。やれ」と言われて、実直だからみんな真面目に調べる。まさに外側からのアウトサイド・インなんですね。視察に行ったりしていろいろ調べて、「技術的には簡単だよ。こんなの簡単にできる」と甘く見る。でもインサイド・アウトの人は「世の中をひっくり返してやろう」とか舌をペロペロしながら考えているわけですよ。

「ネットフリックス」強さの淵源

楠木　IT企業の例でいうと、僕はネットフリックスの事例は非常に面白いと思うんです。とくに初期の経営が面白い。今年（2019年）6月に『NETFLIXコンテンツ帝国の野望　GAFAを超える最強IT企業』（ジーナ・キーティング著／牧野洋訳／新潮社）という本が翻訳されて出版されたんです。これにはインターネットのストリーミングになる以前のネットフリックスの歴史が書いてある。

山口　ＤＶＤレンタルをやっていた時期の話ですか？

楠木　そうそう。ネットフリックスってずいぶん古い会社で、初めの10年弱は単なる郵送ＤＶＤレンタルの会社だった。内容がかつてのネットフリックスについてなのは、単に翻訳が出るのが遅れたから。原書はやや古い本なんです。でも、翻訳が遅れてかえってよかった。いま読むと実に勉強になります。

山口　その前はブロックバスター（アメリカのＶＨＳビデオやＤＶＤのレンタルチェーン店）と同じ普通の店舗型のレンタル店ですね。だけど全然うまくいかなかった。

楠木　事業として立ち上がったのは郵送でのＤＶＤレンタル。お客さんがネットで注文したＤＶＤを封筒に入れて郵送する。見終わったら封筒で返してもらう。そういう商売を10年弱やっているんですよ。でもいちばん最初から社名は「ネットフリックス」だった。これの意味するところは大きいと思います。

どういうことかというと、創業の最初から現在に至るまで、コンセプトは変わっていないんですね。お客さんがいろんな制約から解放されて、見たい番組を見たいときに見たい場所で見られるようにする。実にシンプルなコンセプトです。そのためのサービスを提供する会社であるということで、これは最初から変わってないんです。

そのときは技術やインフラの制約でコンテンツのストリーミングは無理でした。だけどやろうとしていることは同じで、手段がたまたまＤＶＤの郵送だった。これもＤＶＤの時代になって初めてできるようになったわけで、その前のＶＨＳだと箱が大きくて封筒に突っこんで郵送していると壊れてしまう。

山口　それはそうでしょうね。

楠木　敵は実店舗をいっぱい持っているブロックバスターです。当時のネットフリックスとは比較にならない強大な相手。そこから10年にわたるブロックバスターとの血みどろの戦いがこの本の主題なんですが、これが超面白いんです。ブロックバスターもバカじゃない。優秀な経営チームが必死に考えてネットフリックスに対抗していくんですが、最後はアイカーンのファンドが入って、奇妙な経営者を外から連れてきて混乱するというお決まりのコース。自殺点みたいな形でブロックバスターはダメになってしまいます（２０１３年に倒産）が、途中は挑戦者のネットフリックスをロープ際まで追い詰める局面もあったんですね。

今では〝ＧＡＦＡ〟に次ぐすごい会社だといわれているネットフリックスの現在の強みが、封筒でＤＶＤを送っていた時代に全部ある。その競争力構築のプロセスがたまらなく面白い。お客さんからするとブロックバスターの慣れ親しんでいる店舗に行けば、新作や話題作がガーッと並んでいる。ネットフリックスは店舗を持たないので、もちろんいっぱい在庫を持っているんですけど、みんながネットで注文すると新作なんて全部すぐになくなってしまう。そうすると図書館の貸し出しの順番待ちみたいになってお客さんはブーブー言う。

これを解消しようというときに、当然もっと新作の在庫を増やせばいいのですが、新作の仕入れ値は高い。ブロックバスターのほうはコンテンツメーカーとのパイプも太いし、仕入れる財力もある。ところが新作はブワーッと回転しても、その後人気がなくなって不良在庫になる。限られた資金と在庫でお客さんを満足させるためには、とにかく旧作へ旧作へと誘導し、貸し出されるタイトルを平準化することが弱者が強者に対抗するカギだとネットフリックスは気づいたんですね。それが新作主義のブロックバスターとの差別化だと。

じゃあ、どうすればいいか。お客さんがどういう映画をどういう順番で見て、どれぐらいの早さで返してきて、次に何を借りたかというところを見ていけば趣味趣向がわかる——。原始的なやり方ですが、そうしてメールで誘導していけば旧作のほうへと引っ張れる。そうすると高いカネを出して新作の在庫を買わなくても回っていく。こういう切実な理由があって、ネットフリックスは顧客の行動や選好のデータを集め、分析をし始めたのです。この延長上に今のストリーミングのネットフリックスの強みが開花した。

歴史をたどっていくと、ネットフリックスがなぜいま強いのかが初めてよくわかる。ところが今あれだけ大きくなって、自社であれだけ予算があって、バジェットをぶちこんでコンテンツをつくって話題作で賞を取るというところだけを見ていると、なんでこういう会社ができたのかがわからないんですよね。やってることの本質はDVDレンタル時代と変わらない。なぜ今になってネットフリックスが強いかと言えば、データマーケティングの年季が圧倒的に違うんです。

山口　七転八倒した会社ですよね。

楠木　絶対弱者だから、もう七転八倒ですよ。

山口　その都度キーワードに流されない。その局面でどうやって生き残れるかということを、ものすごく考えたんでしょうね。

楠木　もうブロックバスターへの対抗策が顧客選好の解読と誘導のアルゴリズムしかないんですね。切迫しているから、それは真剣になりますよ。アマゾンに食われるんじゃないか、ブロックバスターにとどめを刺されるんじゃないかというなかで薄氷を踏むように一歩一歩進んできた。そのぶん研ぎ澄まされている。

そういう苦闘もなしに、今になって「これからはコンテンツデジタル配信でサブスクリプションだ」とチャラチャラ言っているのとは、まったく次元が違うんです。実質がある。商売の生命線だけに、ネットフリックスは今でもデータマネジメントの全部をＡＩに任せてはいない。作品ごとの特徴のタグ付けがひとつのカギなんですが、２０１９年時点でもネットフリックスではその作品を表すのに最適な「タグ」

を人力で付けているそうですね。ネットフリックスには、タグ付けを専門にしているチームがあります。彼らは「Tagger（タグ付けする人）」と呼ばれる正社員で、アメリカのロサンゼルスとロスガトスを拠点に働いている。作品のエピソード一つひとつまで細かく見て、人間がタグを付けているんですね。もう徹底している。

環境や状況に原因を求める「気象予報士」ビジネスパーソン

楠木　アウトサイド・インの人には、先にもちょっと言ったんですけど「とにかく日本はダメ」という話がすごく好きな人がいます。「オワコン」「老害」とか「規制が厳しすぎて」「政府がこうだから」とか。僕はそういう人を「気象予報士」と呼んでいるんです。「木を見て森を見ず」の逆で、自分のやっているビジネスが木だとしたら、背後の森ばかり見ている。で、すべてを環境や状況で説明する。

なんでうまくいかないのかというと、「雨が降っている」「閉塞感だ」「右肩下がりだ」「六重苦」とか、もうそういう話ばかりがバンバン出てくる。いやいや、雨は降っているかもしれませんけど、あなたの商売の上だけで降ってるんじゃないですよ、みんなに降っているんですよと。それなのになんで状況や環境のせいにしようとするのか。「森を見て木を見ず」どころか、もはや「空を見て木を見ず」みたいなことになっているんですね。ちょっとうまくいけば「アベノミクスが功を奏した」とか言って、うまくいかなくなると「アベノミクスの第三の矢がダメだ」とか言っている。結局どうしたいのかがさっぱりわからない。アウトサイド・インのなれの果てですね。

「脳内高度成長期おじさん」は「人口が増えない」とかブーブー言っている。実際には高度成長期のほうが異常だったのに、そのときの環境条件で思考がセットされたままになっている。

山口　環境条件に関する知識だけはやたらとあって言い訳の説明はすごくできる。心理学の用語で言う「外罰的」というやつですね。とにかく悪いことがあると「外側」に原因を求めるだけで「ここにいる私」が起点にならない人のことです。

楠木　仕事ができる人の思考の軸足はインサイド・アウトです。完全な未来予想はできない。情報は不完全でも、まず自分なりのロジックやストーリー、自分なりのハッピーエンドみたいなものが見えている。もちろん知らないことはいっぱいあるんだけど、「わからなかったらあとで取りに行けばいいよ」というのがインサイド・アウトの考え方です。

アウトサイド・インの人というのは使わない部品みたいな在庫がめちゃめちゃ溜まっている。インサイド・アウトの人はトヨタ生産システムで、必要な部品を必要なときに取りに行く。ただし完成車のイメージはもうできあがっている。この違いがけっこう大きいと思うんです。

「誰か俺を止めてくれ」──究極のインサイド・アウト

楠木　ところで『セッション』（2014年製作／デイミアン・チャゼル監督）という映画、ご覧になりました？

山口　いや、見てないと思います。

楠木　ビッグバンドジャズのドラマーが主人公の作品なんですけど、そのバンドマスターが音楽の学校の先生で、ものすごくサディスティックなコーチングをする。

テンションの高い鬼気迫る演技が評判になってアカデミー賞の助演男優賞を獲ったんですけどね。もうメトロノームで「ジャストじゃない」「1000分の3秒前乗りだ」とか。主人公はもう手に血豆ができて、血を流して気絶するまでドラムを叩き続けるみたいな。音楽映画なのに、すごくスポーティでアスレティックなんですよ。

そのときに何回も何回も鬼コーチが「チャーリー・パーカーはこれだけ練習したんだ」みたいなことを言うんです。でもね、僕に言わせればこの先生は音楽を冒瀆している。チャーリー・パーカーは自分が気持ちよくなるために練習していたのであって、鬼コーチのメトロノームの1000分の何秒なんていう話じゃないと思うんですね。まあ話としてはよくできていて演技もすごいんですけど、もう根本のところでイヤな話。「いや音楽ってそういうもんじゃないだろ」という。

山口　音楽でいうとサックスプレーヤーのジョン・コルトレーンのいちばん好きなエピソードがあるんです。

コルトレーンがマイルス・デイビスのバンドに入った若い頃のエピソードなんですが、マイルスは当然自分のバンドなので、ここぞというときにはやっぱり自分で吹きたい。ところがコルトレーンのソロが長いんですよ。なかなかやめない。それでツアーの途中にマイルスがついに怒って「ちょっと来い」ということになった。マイルスが「最近のお前、ちょっとソロが長すぎだろ！」と叱ると、コルトレーンは真顔で「どうやってソロを止めたらいいのか、わからないんです」って相談するんですね。

楠木　イイなあ。

山口　この相談への回答がまた傑作で、マイルスは「いいか？　ソロを止めたければ、サックスを口から離すんだ」ってアドバイスするんですね。「サックスを口から離せば、ソロは止まる」って、そりゃそうだよな、ということで改めてステージに臨むんですけど、やっぱりコルトレーンはソロが止められないんです。で、そのうち、どんどんソロが長くなっていって、ついに観客も「お前のソロ長ぇよ、マイルス聞かせろよ」と怒ってブーイングし始めるわけです。そのうちマイルスも怒ってステージを降りちゃって、マイルスが降りちゃったから観客も帰り始めるんです。これは確かニューヨークのアポロシアターのエピソードなんですけど、観客も帰ってマイルスもいない。もうほかのメンバーも帰ってしまってステージの明かりも落ちてる。それでもコルトレーンは一人でずっとサックスを吹いている。

　このエピソードが僕は本当に好きで、これだけでコルトレーン、最高だよなって思っちゃうんですね。

楠木　内発性ですよね。

山口　そうです。それで明かりを落としたあとも吹き続けてた。

楠木　究極のインサイド・アウトというか、もう湧き出てきちゃっている。

山口　誰かこれを止めてくれ、みたいな。

アムンセンとスコットの違い

山口　インサイド・アウトとアウトサイド・インの対照例としてわかりやすいのは、ロアール・アムンセンとロバート・スコットの南極探検でしょうね。このレースは結局はアムンセンが圧勝するんですが、彼ってほとんどペテン師なんですよ。あの人はもともと「北極に行く」と言って資金を集めてますから。

楠木　そうだったんですか。

山口　そうなんです。アムンセンは「北極に行く」と言ってスポンサーを集めてます。彼の母国であるノルウェーは北極に近いので、確かに北極は重要です。船もスポンサーも人も集めて、乗組員も募集して、いよいよ行くぞという1カ月前になってアメリカのロバート・ピアリーが北極点に到達したことを知ったんです。人生を懸けて準備してきたのに、北極点一番乗りで負けてしまった。

だからまわりの人たちが「もう計画は中止ですよね。二番手って意味ないですもんね」と言っていたら、「まあでも、まだ調べることはいろいろあるんじゃないか」とかムニャムニャ言ったまま、ピアリーの北極点到達から約1年後に出港して、陸から追っ手が来ないとなった時に「南極に行き先を変えます」と言って南極へ行っちゃうんです。

北極へ行くのであれば2カ月ぐらいで帰ってこられると乗組員たちは思っていたのに、南極に行くとなると1年間は帰ってこられない。政府もスポンサーも乗組員も乗組員の家族もみんな騙してアムンセン一人だけが出港前から「先に北極に行かれちまった以上、オレは南極を目指す」と思っているわけです。完全にペテン師ですよ。でもこれがまた人間の機微の面白いところなのですが、「南極に行き先を変える」とアムンセンが船内で宣言を出した瞬間、船内から船を揺らすような雄叫《おたけ》びが上がったというんですね。

楠木　これもいい話だなあ。

山口　乗組員たちも「二番手は嫌だ」と思っていたんですよ。「南極だったら一番手が獲れる。みんな行かないか？　オレは行きたい」とアムンセンが声をかけると「ワーッ！」と雄叫びが上がった。

楠木　面白いですね。

山口　一方のスコットはイギリスのエリート軍人で、イギリス海軍から支援された動力ソリに雪上車、馬、軍艦と準備万端で南極点到達を目指した。結果的にどうなったかというと全滅するわけです。本人も含めて全員死んでしまう。何もかも揃っているエリート軍人とペテン師でアマチュア探検家のアムンセン。でも結果的にはアムンセンはあっという間に南極点に行って帰ってきちゃうんです。

ありとあらゆる資源に恵まれたトップエースのチームと、ペテン師スレスレのアマチュアの探検家が戦って後者が勝ったわけです。普通に戦略資源の量を比較したらアムンセンがスコットに勝てるわけがないんですが、そういう戦略資源の多寡は実は二の次の話だったんですね。

楠木　もっと根本的なもの。

山口　競争優位を左右する要因としては人、モノ、カネのなかでも、やっぱり人なんです。それも人の能力やスキルよりもモチベーションが大事になる。アウトサイド・インではなくてインサイド・アウトのベクトルの熱量の強さ、それがアムンセンとスコットとの大きな違いだったと思うんです。

楠木　このエピソードに関して僕が注目するのは、スコットのほうがずっと使える資源が豊かだったということですね。とにかく用意周到。輸送手段でもイヌぞりがダメだったらプランB、プランCまで準備する。状況に合わせて「ここはイヌぞりが最適で、ここから先はむしろ馬に引かせたほうがいい」とかね。だけど結局それが失敗のもとだった。

アムンセンのほうは、最初からイヌぞり一本だった。ほかにもいい輸送手段があるかもしれないけど、そんなの考える暇があるんだったら最高のイヌを探したり、いちばん腕の立つイヌぞりの使い手を連れてきたほうがいい。そいつを口説くのに時間を使ったほうがいい。最初からイヌぞりしか考えていなくて、オペレーションをシンプルに絞ったのがよかった。

山口　イヌぞりに食糧を大量に積んでいくんですけど、食糧って食べていくうちに、どんどん荷物が減っていくじゃないですか。さらにデポ（前進基地）に荷物を置いていくんで、どんどん軽くなっていくんです。イヌもそんなに必要なくなってきて、どうするかというとイヌも食糧として食べてる。計画的にイヌも食糧にして食べて減らしていって、最後はギリギリの頭数のイヌぞりで帰ってくる。

これはトップダウンなんですよね。なぜトップダウンでこうするのか。さかのぼって考えると、全部自分の中で考えた答えがある。逆にスコットのほうはある意味、作戦の考え方が非常に箇条書き的ですよね。

楠木　そうですね。

山口　動力ソリはすぐに壊れちゃうんですよ。壊れちゃうんだけど、それを直せる技師を連れていっていないというように、作戦が箇条書き的に全部ブツ切りになっている。

楠木　この対比は本当にいろいろなことを教えてくれる例ですね。

山口　馬は寒さですぐに動けなくなるんですね。馬のための馬草を大量に積んでいてそれが膨大な荷物になってしまって、だけど馬は死ぬ。動力ソリで行こうとしても、動力ソリはすぐ壊れてそれを修理できるヤツがいない。結局最後は人がソリを引いてるんですよ。

　そこに至ってスコットは「いよいよ冒険らしくなってきた」とか言って大興奮し始めるんです。ものすごい迷惑なリーダー。

楠木　危ないですね。

山口　危ない。「これが探検だ」「これこそ本物の探検」とか言って、メンバーはすごく嫌がってる。

楠木　まさに潰れる寸前のダメな会社みたいな話です。

第四章　センスを磨く

センスの怖さはフィードバックがかからない点

楠木　僕の娘が学校を卒業して仕事を始めるとき、どうせ人間は三つぐらいしか同時に意識してできることってないので、毎年三つずつアドバイスをしようと思って、1年目に次の三つを挙げたんです。一つ目は「常に機嫌よくしていて挨拶を欠かさない」ということで、これはものすごく大切なことだと思っています。

山口　それはまさしくコンピテンシーですよ。『幸福論』を書いたアランも「上機嫌」を最高の美徳として挙げてますからね。

楠木　1年目は知らない人でも誰でも「おはようございます」「ありがとうございました」、何か言われたら「はい」。もうこれが最初に必要な能力の8割ですね。

そして二つ目が「視《み》る」ということ。「これは！」と思う仕事ができる人を決めてずっと「視る」。「視る」というのは、漫然と眺めているというよりは自覚的に視る、〝視破る〟というニュアンスです。それで「なんでこの人はこういうことをこの局面でして、なんでこういうことはしないのか」ということを、答えがわからなくても常に考えていろと。もう全部が文脈に組み込まれていることですから。

そして三つ目が、僕はこれ、仕事の基本だと思っているんですけど、「顧客の視点で考えろ」ということ。取引先というだけではなく会社の中にもお客さんはいて、「相手が自分に何をしてもらいたいのか」「あの人は何を欲しているのか」ということをまず考えてから、それに向けて仕事をするのがいい。この三つを最初の年に言ったんですね。

この三つは全部センスに深くかかわっていると思うんですよ。1年目から「エクセルでこれができなきゃダメだ」とか「英語はこのぐらいできるようになれ」なんてことを言ってもあんまり意味がない。それは自然とフィードバックがかかるんです。スキルの重要な特徴として、TOEICが300点だと、やっぱりさすがにもうちょっと英語を勉強しようかなという気になるものでしょう。だから放っておいてもいい。ところが、センスはフィードバックがかからないので、ない人はないままいくことになる。これがセンスの怖いところ。なぜかと言えば、センスのない人はそもそも自分にセンスがないということがわかっていないんですよね。だから洋服のセンスがない人はいつまでたってもない。フィードバックが自然にはかからないから。

山口　フィードバックに気づくということ自体がもうセンスですからね。

楠木　そうですよ。だからセンスを身につけるためには、本人が気づいていないようなところで第三者の助言が有効になると思うんです。

山口　おそらくセンスにおける事後性の問題というのは、昔もあったと思うんです。それでもやっぱり師匠に対する信用であったり、ずっとこういうふうにやってきて師匠の師匠もそうだったんだというようなことが、ある種のクレジットになっていたのかもしれない。

楠木　そうでしょうね。少なくとも主観的にはクレジットがないと成立しない。ただそういった「修行」によってひどい目にあった人もいっぱいいいて。

山口　それはきっといますよね。

島田紳助の「芸人は努力するな」の意味

山口　２０１１年に芸能界を引退された島田紳助さんが、吉本の若手に対して明確に言っているのは「努力するな」ということなんですね。その発言がＤＶＤ（『紳竜の研究』２００７年製作／アール・アンド・シー）にも残っているんですけれど、ここで言う努力とは漫才やコントの稽古ということですね。若手は不安でしょうがないのでじっとしていられない。すると何をやるかというと、やたらと漫才の練習をしちゃうわけです。だけどそんなことは紳助さんに言わせたら順番が違うと。「どうやったら売れるか」という戦略のないままにひたすらに漫才の稽古をする、そんな不毛な努力をするならまずは「笑いの戦略を立てろ」と紳助さんは言っている。お笑いというのはマーケットであり、実は競合がいるんだと。紳助さんの当時だとＢ＆Ｂだとかツービートだとかオール阪神・巨人といった面々がいるなかで、彼らがお笑いのマーケットでどういうポジショニングを取っていて、自分の笑いのセンスや見た目だったら、誰のポジションの近くだったら取れるか、芸能界でどこのポジションが狙えるのかと、それだけを考え続けろと言っているんですね。

楠木　なるほど。

山口　紳助さんが実際に何をやったかというと、まずは売れている芸人の漫才をすべて録音して書き起こして、どこでどうボケて、どうツッコミ、どういう種類の笑いを取っているのか、ということを分析していく。すると「落ちのパターンは8割一緒」「つまらないネタを直前に入れると面白いオチが光る」といった具合に言語化が可能になるんですね。紳助さん自身は「お笑いには教科書がなかったので自分で教科書をつくろうと思った」と言っていますけど、もう完全に笑いの経営学なんです。だけど、それをほかのみんなはやらない。なぜかというと、努力していると安心するからです。

楠木　鋭い。

山口　漫才の練習をしているとなんとなく前に進んでいるような気がして安心する。確かに、それで多少は漫才がうまくなるということもあるでしょう。ですが、自分がお笑いタレントとして本当の意味での生きていく場所を見つけないことには、職業として続けていくことはできないわけです。紳助さんの場合、その努力のレイヤーというか、努力の質がほかの芸人さんたちとは違っていたと思うんですね。

楠木　だからスキルを身につけていく努力と、センスに至るまでの……それを努力と言うかどうかは別にして、そこはやっぱり違いがあると思うんですよね。

山口　「センスに磨きをかけていく」という、やっぱり紳助さんが言っているのもそこにつながることだと思うんです。だから、自分の持っている間合いとか、話し方とか、見た目とか、お笑い芸人として自分をどうプロデュースするか、という視点ですよね。自分自身はどこだったら勝てるのか、それをもう意図的に自分らしさを磨いていくということが、ほかの人から見たら努力に見えないかもしれないけれども、そっちのほうが本当の努力なんだと。

だから、お笑いタレントとして一流になりたければ、「ひたすらに漫才の練習をする」というわかりやすい努力ではなく、その上位のレイヤーにある「お笑い芸人としての戦略を考える」という努力をやりなさいということを言っているんですが、これはお笑い以外の世界で生きている、私たちのようなビジネスパーソンにとっても示唆に富んだ話だなと思うんですよね。

「修行」というセンス錬成法

楠木　そうですね。「努力」という言葉を使っちゃうと第二レイヤーの努力と混同されてしまいそうなので、仮にそれを「錬成」、錬り上げていくという言葉を使って区別しておきますが、錬成の非常に古典的な方法というのは、さきほども少し触れましたが、修行ですね。つべこべ言わずに10年、まずこれをやれと。修行というのはたぶん事後性を克服するために人間社会が編み出した方法論だと思います。

そこにはロールモデルとしての親方がいて、日本料理の世界でも「なんとかの上にも3年」というのがあるじゃないですか。あれも最近は評判が悪いですよね。確かに、それはそれで無駄な面もいっぱいあるんだけれども、やっぱりやむにやまれず定着した方法でしょう。センスの錬成において、事後性の克服方法としてやっぱりわりと強力なんですね。ただ本来的な意味での修行ということになると強制力が働かないとなかなかできない。究極になると禅寺みたいなことになっていく。

山口　禅で言うところの「只管打坐《しかんたざ》」ですね。つべこべ言わず、ただひたすら壁に向かって座っていろ、みたいな。

楠木　そういう修行となるとちょっと一般性がないんですが、全員で生活を共にするというのは大いに理由があることだと思うんですね。

センスというものの本来の性質に戻ると、きわめて総体であり、全体であり、綜合的なものなんですよね。ということは、裏を返すとセンスというのはその人の一挙手一投足すべてに表れていると思うんですよ。プレゼンテーションのスキルを学ぶとなれば、観察する対象がプレゼンテーションをしてくれていないと学べないんですね。その人がプレゼンをしているところを見ないと意味がない。ところがセンスについては、ひとつ有利な面があって、それはセンスがある人の一挙手一投足、メモの取り方、商談相手への質問の仕方、会議の取り回し方、そしてデスクの配置、ご飯の食べ方、鞄の中に何が入っているのかというところまでも含めた、そのすべてにセンスが表れている。だから一緒にいれば、なんでも学びになるわけです。

確たるセンスを錬成する方法はないし、人によってそのセンスのあり方も千差万別なので標準的な習得方法はないのですが、センスがある人が身近にいればその人をよく視る。これがいちばん手っ取り早いセンスの錬成法ですね。大切なのは「全部視る」ということ。これをある種、方法化したのが「カバン持ち」とか「書生」みたいなシステムだと思うんです。修行よりもちょっとソフトですが、同種のロジックに依拠している。

山口　なるほど「立ち居振る舞い」とか「佇まい」といった言葉で表現されるものですね。全体を視るともなく視る、全体を全体のまま把握するということがセンスの錬成になると。しかし、これはなかなか難しいですよね。宮本武蔵の『五輪書《ごりんのしょ》』にも書かれていますが、人は視ようとすると必ず、全体ではなく部分を視てしまいますね。意図的に視るという行為は必然的に「注視」を起動しますが、「注視」というのは部分化するということですから、なかなか「全体を視る」というのは難しいし、それこそスキルとして言語化できないんですね。

楠木　だから、まあこれが僕の安直だと言われるところなんですけど、「視る力」も含めて、結局いちばん多くの人が使えるやり方というのは「それが好きであること」だと思っているんです。

その人が好きだとか、一緒にいたいとか、面白いと思うことができれば、視ることはそんなに苦にならないですよね。対象のことが好きであれば、視るというプロセス自体で報われる。どこまでいけたかという結果じゃなくて、その道すがらの風景で報われるような状態であれば、思いっきり続けられるし、やっているうちにどんどんうまくなる。

山口さんがご本で言っている「価値基準や判断基準が中にあるのか、外にあるのか」という話と同じなんですけど、僕は良し悪しではないものを「好き嫌い」と言っているんですね。良し悪しというのは普遍的な価値基準で、極端な例で言えば法律で規定されている「人を殺してはいけない」みたいなことです。これは良し悪しですよね。普遍的なコンセンサスが自分の外に成立している。

同じ価値基準でも、その人の中にある局所的な価値基準がある。それを「好き嫌い」と言っているんです。ですから普遍性の軸で良し悪しと好き嫌いは連続している。良し悪しでないものが好き嫌い、となる。この意味での「好き」が自分の中にないと、センスの錬成は始まらないと思うんです。好きでないとあまりにつらい。事後性を克服できない。

センスとは後天的に習得するもの

楠木　「天賦の才」という言葉があるように、センスというと生得的、先天的なものに思われがちなんですけれども、実際にはセンスというのは大いに事後的、後天的なものだと思います。みんなそれぞれに試行錯誤のなかで時間をかけて錬り上げていったものですね。センスを磨くための教科書や標準的な方法がないので、いかにも生まれたときに決まっちゃってるみたいに見えるんですけど、本当はそんなことない。

山口　そのとおりだと思います。センスの習得は事後性が高い。事後性が高いというのはプロセスと結果の因果関係がよくわからない、ということですよね。だから結果として習得している人を見るとプロセスをすっ飛ばして習得しているように見える。でも本当はそうじゃない。だからこれも一種のディープラーニングなんしょうね。ディープラーニングも結局は「何が出てくるかわからないけど大量にデータを飲ませたら何か出る」ということで、これも非常に事後性が高いですよね。

楠木　言語で言うと、アルファベットで綴られていて比較的文法がシンプルな英語などと比べると、日本語、中国語はすぐには使えないわけですよ。読み書きになると、とりあえず漢字を最初に300個ぐらい覚えなきゃいけないということになる。もし言語が文化とか人間の意識を強くつくっているのだとしたら、日本語というのは「四の五の言わないで、まずはやれ」という修行みたいなところがある。つまり日本語文化で育った日本人には、けっこう事後性を克服するのに向いている面がもともと備わっているのだと言う人もいます。

英語だと、もしわからないことがあったとしたら「それはインストラクションが悪いんだ」ということになる。インストラクション、つまり教える側が悪いのであって、受ける側の修行とかいうような問題ではないんですね。言語として対比したときには、日本語という言語のもとで生きている日本人のほうが、事後性を克服するのが本来得意なはずなんじゃないか、みたいな説があります。

ジャパニーズ・ロストアート

山口　『弓と禅』（オイゲン・ヘリゲル著／稲富栄次郎・上田武訳／福村出版）とい

う本は読まれたことはありますか？

楠木　いや、ないです。

山口　オイゲン・ヘリゲルというドイツの哲学者が大正時代に日本にやって来て、現在の東北大学で哲学を教えた。その彼がドイツに戻って書いた本が『弓と禅』です。彼は新カント派の哲学者なんですが、前々から禅に対して一方《ひとかた》ならぬ興味があって、ぜひ禅の勉強をしたいということで手を挙げて日本にやって来た。それで東北大学の教授になって、禅の勉強をしたいと言ったときに「禅を勉強するんだったら弓をやったらいい」と言われたので、当時日本の弓の世界の第一人者で「弓聖」といわれていた阿《あ》波《わ》研《けん》造《ぞう》という人がちょうど東北の人だったので、その人に弟子入りするんですね。

　ヘリゲルはもともとオリンピックの射撃の選手でもあったので、弓も射撃と同じようなもので物理法則がすべての世界だと思っています。確かに的に当たるか当たらないかは物理の問題であって、どれだけの初速でどういう角度で撃ち出せば的に当たるかは解析的に厳密な答えが出せます。だから弓も同じようなものだろうと思っていたわけですが、これがまったく異なることに非常に戸惑うわけです。
まず弓の修行においては矢を持たせてもらえない。弓の弦を引く練習だけをずっとやらされるんです。力を入れようとするとパシッと叩かれて「力を入れないで引きなさい」と。要するに呼吸の仕方をマスターさせるということなんですが、ヘリゲルからすると、もう意味がわからない。物理と呼吸ってなんの関係があるんだと。確か1年ぐらい、まず弦を引く練習だけをひたすらやらされるんです。

楠木　矢を持たずにですか。

山口　矢を持たずにです。ある日、弓を引けるようになったと言うので、じゃあ矢をつがえていいよ、打ちなさいと言われるんですけど、「目の前の藁束を撃て」と阿波研造は言うんです。本人は的を撃つほうが練習になると思っているのに、「ダメだ、藁束を撃て」と言われる。バスッと撃つとまたダメと言われる。何がダメかというと「あなた、撃とうと思って撃ってるでしょ。そうではなく、矢に行かせなさい」と。
僕も読んでいてここら辺からだんだん混乱してくるんですけど「矢は行くべきと

きに勝手に行くから行かせない」と。「笹の葉に積もった雪が、どこかでサッと滑り落ちる、そういうふうに矢に行かせなさい」と言われて、それでまた目の前の藁束をバスッと撃つと「まだ自分で撃ってるでしょ」と言われる。それがまた1年も続いて「もう俺、日本での任期が終わるんだけどな……」と思いながらずっとやっていったら、バスッと撃ったのを見て阿波研造がある日ペコリとお辞儀をするんですね。その瞬間に「今のはあなたではなく、〝それ〟が撃ちました」と言う。見ているとわかるらしいんです。

それでやっと弓矢を的に向かって撃たせてもらえるようになる。そうなるとどうしても的に当てようとしますよね。当たり前ですけど。すると直前にやってた「矢に行かせる」ということがなかなかできない。ということで今度は「的に当てようとして撃っちゃいけない」と言われるんですね。「あなたが的に当てようとしなくても、的に当たるように勝手に矢が出ていくから、矢に行かせなさい」と言うのを聞いて、ついにヘリゲルが爆発するんです。「そんなこと言うんだったら、先生は目隠しをしても当てられるに違いないでしょうね」と言ってケンカ腰になって迫った。

　すると阿波研造が「こういう曲芸みたいなことは本来は嫌いなんですが、そこまで言うんだったらお見せしましょう」と言って、夜半に道場へ来いと言うんですね。ここからがクライマックスなんですけど、真冬の夜半、弓道場にヘリゲルと阿波研造の二人がいて、火鉢の中でお湯がシュンシュン沸いている。東北の真冬なのでものすごく寒いんです。

　的は漆黒の闇の中に沈んでいるんですが、阿波研造が弓をつがえて撃つと、遠くから「バシッ」と音がして「あ、当たったな」と。それからもう1本撃つと、今度は奇妙な破裂音がするんですね。何か変な音がしたので2本目は外れたかもしれないとヘリゲルが見にいってみると、1本目の矢が的のちょうど真ん中にあって、2本目の矢が1本目の矢を割いて的に当たっていたというんです。

　これを見た瞬間にヘリゲルの認知のシステムが変わるんです。自分の思っていた世界観とまったく違う何かがある。そうしてヘリゲルはヨーロッパに帰ってから「西洋的な近代合理主義の考え方とまったく違う、まず効果が特定されない、トレーニングと成果の関係が説明されない、何かできるようになったときにはもうそれ以前には戻れないという、そういう世界がある」ということを『弓と禅』という本に書いたんです。

楠木 面白いですね。

山口 ヨーロッパではベストセラーになった本です。

楠木 そうなんですか。それは原作は梶原一騎ではないですよね（笑）。

山口 完全に違いますね（笑）。多少、脚本を盛っているんじゃないかという部分もあるんですけど。これには、もともと日本人が持っていた、因果関係は必ずしもはっきりしないというなかで訓練をする「修行」みたいなものがまさにあって、何かこう、失われてしまったロストアートのような感じがしますよね。

日本電産・永守重信の人心掌握力

楠木 うちの父は現役の頃、日本精工という会社に勤めていて、当時は永守重信さんの日本電産にベアリングを売る側にいたんです。

山口　その話は初耳です。

楠木　要するに、永守さんはうちの父のお客さんだったんですね。当時の永守さんというと新興企業のすごい経営者だという評判がワーッと出てきた頃で、僕も関心があって「どんな人なの？」と父に聞いたら「商売に実に厳しい……」。

その永守さんに僕が初めてお目にかかったのは、確かアナリスト・ミーティングみたいな会合だったと思います。永守さんがいて、こっち側に証券会社のアナリスト、ストラテジストみたいなのがいて、何かいろんな質問をして答えるみたいな場所で、僕はそこで第三者として何か意見を言えというので呼ばれていたんです。それで「この人が永守さんか」と思って、まあお話は例によってすごく愛嬌あって面白い方で。それで帰るときに「今日はどうもありがとうございました」と挨拶に行ったら、「君のお父さんは日本精工の人じゃないの？」と言われたんですよ。それでびっくりして「え？　なんでわかったんですか？」って言うと「いや、名前が楠木だし声がそっくりなんですぐわかったよ。お父さん、元気？」と言うんですね。

山口　それはすごい。よくわかりましたねぇ。

楠木　その後はとくにお目にかかる機会がなくて、たぶん2～3年は間があったと思うんですけど、ある時、また経済産業省の会議か何かでお目にかかるときがあって、役所のビルに入るとちょうどエレベーターで一緒になったんですよ。そうしたら永守さんは僕の顔を見た瞬間、いきなり「お父さん、元気？」っておっしゃったんですよ。これには驚きました。

山口　超人ですね。

楠木　一度会った僕のことなどもうすっかり忘れているものと思っていましたから、「前にお目にかかったことがあるんですけど、楠木と申します」と言おうとしていたところに「お父さん、元気？」ですからね。「よく覚えていらっしゃいましたね」と言うと、「いや、僕は2000～3000人の個人データなら全部覚えられていたんだけど、最近は携帯電話が出てきて、そこにアドレス帳が入っちゃったので、自分の独自能力を失ったのが残念なんだよ」と。

昔は電話番号、家族構成など、従業員全員の情報が全部頭の中に入っていたと言うんです。それで「いやあ、すごいですねぇ」と言うと「いや君もね、僕みたいな偉い人間に覚えてもらってるとうれしいだろう！」と、また愛嬌のあることを言うんですよ。なんか二重三重の人間についての理解の深さというか。ま、とてつもない人心掌握力ですよね。僕もそうでしたけど、みんな一発で永守さんにやられて好きになっているに違いない。

山口　結局「人間をわかっている」ということなんでしょうね。最近はリベラルアーツがなんだか論理思考に代わる新しいスキルのように喧伝されていますけど、リベラルアーツって要するに「人間をわかる」ための学問ですからね。別に哲学のコンセプトとか歴史の年号を覚えたって仕事がデキるようになるわけがない。リベラルアーツが大事なのは「人間をわかる」ためであって、永守さんは永守さんなりの修行を通じて「人間をわかっている」という境地に至ったんでしょうね。

楠木　永守さんはある意味で「自分が小さい」んだと思うんですね。これは必ずしも謙虚とか控えめということではありません。自称「ほら吹き」でいつも大きなことを言っているような印象がありますが、大きな人こそ自分を小さく考えている。だからこそ他者に対して注意が向く。相手の立場に立ってものを考えることができる。自分に都合がいいように考えない。自己中心的に考えない。これが人間洞察の基盤にあると思います。器が小さな人ほど「自分が大きい」んですね。自分のことで頭がいっぱいで、自己を客観視できない。

自分が小さい人は、頼りにされても安易に人に頼らない。貸しが多いのに、回収しない。前にも話に出た小林一三いわく「偉い人というのは貸しが多い人」。実際、僕の経験でも仕事ができる人ほど気前がいいような気がします。「気前がいい」というのは一般に思われているよりもずっと大切なことだと思うんです。鹿島茂先生の本から学んだのですが、フランスの作家であるラ・ブリュイエールは「徳は勇気と気前の良さだ。なぜかというと、生命と金銭という二大重要事を軽視することだから」と言っています。自分が小さいということは、勇気があるのと同じくらい大切なことですね。

センスメイキングとは「人間洞察」

楠木　最近いい例だなと思ったことのひとつに「Ｓｕｉｃａ」の改札機のデザイン

をした山中俊治先生（東京大学生産技術研究所教授）の話があります。山中先生によると「デザインの本質というのは、それを使うお客さんが無意識に使いこなせるところにある。その意味でのデザインは最高度の人間洞察を必要とする」とおっしゃるんですね。だいたいＳｕｉｃａの改札機の形状なんて、普段、誰も意識して見ていないし誰も覚えていない。それがいちばんいいことなんだって言うんですよ。デザイナーというと創造性に満ちていて自分の個性爆発で……というイメージですが、実際は自分を限りなく小さくしていかないと、本当のデザインはできない。

初めにＳｕｉｃａの技術が出てきたとき、切符を中に入れる改札機はあったんだけれども、「かざす」という行為についての理解というか、そもそも概念が人々の中にない。しかもかざしてもらって一定時間そこでスローダウンしなければいけない。そうやって待ってもらわなきゃいけないというのが技術的な要請としてあった。そこをどうすればいいのかということが、Ｓｕｉｃａの改札機のデザイン上の重要な問題だった。そこで山中先生は人間の本能に立ち戻って考える。で、「光るとそれに反応する」とか「ちょっと手前に傾いていると少し速度を落とす」というアイデアを得るんですね。そういう人間の本能の理解を形状化するということが、デザインの本質なんだという話です。これも要するに人間洞察ですね。

山口　これもさきほどの永守さんの話と構造は同じで、デキる人というのは総じて「人間をわかっている」ということなんでしょうね。「人間」というシステムを部分化せず、総体として洞察している。スティーブ・ジョブズは市場調査に非常に否定的でしたけど、これがウケるかウケないかを直感的に把握できるということは「人間をわかっている」ということで、それをわざわざ調査してデータを集めて「購買意向は○パーセント」みたいに検証しないと前に進めないというのは、「人間をわかっていない」からということなんでしょうね。

楠木　もうひとつついい例だなと思ったのは、レゴブロックの衰退と復活という話。一時期のレゴの衰退は子どものデータを集めすぎたことが原因だったというんですね。ずいぶん前の話ですけど、ユーザーである子どものデータ、要するにビッグデータのはしりみたいなデータをさんざん集めていったら、明らかに傾向として得られたのが「最近の子どもは以前と比べて注意が散漫である」ということ。これはレゴには適していない。

ではなぜそうなったのかと言えば、テレビゲームみたいなものの影響で、高刺激性のものには即時に反応するという。これについてもデータとして出てきた。子どもの遊びがどんどんテレビゲームに代替されているなかで、クチュクチュとやっているレゴみたいなものは、もう難しいのだというような諦めをレゴのマネジメントが持つようになった。だからキャラクタービジネスでディズニーみたいな会社になろうとした。

しかし、それによってますます業績が悪くなったんですね。そうしたなかで復活するきっかけになったのが「なぜ遊ぶのか」ということを改めて考えるということだったんです。目に見える現象だけ、傾向だけを追いかけていくとテレビゲームの優勢は揺るがない。

しかし、集計レベルの平均値ではなくて子ども一人ひとりをじっくり観察していくと、十分にレゴに夢中になっていることがわかる。だからもっとブロックに回帰していったほうがいいんじゃないかという話が対抗馬として出てきて、結局はそれが復活の糸口になった。

これは最近のデータ至上主義の落とし穴みたいな話で、実は世の中にはそういったデータによる弊害がけっこうあると思うんです。人間洞察というのは一人の人間の中にあるものすごく複雑なメカニズム理解みたいなことなので、データを集計して平均値とか傾向とか相関を見るということとは、あまりうまくフィットしないと思うんです。

山口　もともと「遊び」自体がリベラルアーツのど真ん中のテーマですよね。人間はなぜ遊ぶのか。オランダの歴史家、ヨハン・ホイジンガが『ホモ・ルーデンス』という本を書いていますけど、これって「遊び」が文化をつくったっていうことを論証している本ですからね。一方でデータは調査設計者が検証しようとする一面しか示しませんから、確証バイアスをさらに強める傾向があります。やっぱりデータだけで「人間」を把握することは難しいんだと思います。人間というのは部分としては矛盾していたり整合していなかったりするので、部分の足し上げだけで理解しようとすると破綻してしまいますからね。

楠木　しかも人間ってそれほど一貫していないものなので、ますます人間の本性や本能についての洞察が重要になると思うんですよ。

山口　「役に立つ」ということで価値を出そうとすればデータとスキルはとても有用でわかりやすいんですけど、「意味がある」で価値を出そうとするとデータもスキルも役に立たない。そこで求められるのは「人間性に対する洞察」で、これがこれからは競争力の中核になっていくんでしょうね。

楠木　人間洞察ということで言うと、前にも話に出たマツダという会社も僕はいいなと思いますね。この会社の特徴として、ほかの会社のクルマであってもいいクルマはみんなすごく褒めるらしいんです。

山口　そうなんですか。それは国産車でも？

楠木　ええ、国産車でも海外のクルマでも、その辺が実に素直というかおおらか。メルセデスが今よりもずっとコストをかけて造っていた、モデルでいうとW１２４っていうんですかね。

山口　Ｅクラスですね。

楠木　それでマツダの人たちは「あの頃のベンツは、ここがほんとすごかったよなぁ」みたいな話を嬉々としてするというんですね。この辺がなんとも上品でいいと思うんです。

山口　これもやっぱり「自分が小さい」という話ですね。たとえ競合が造っているものであっても「いいものはいい」と言える度量ですね。

いわゆる「三大幸福論」のうちのひとつを書いたバートランド・ラッセルというイギリスの哲学者がいるんですが、ラッセルの『幸福論』の根本にあるのは「自分自身に興味と関心を向ける人は必ず不幸になる」ということなんですよね。ラッセルは哲学者・数学者として名を成した人ですが、活動家でもあり非戦論を唱えて投獄されたりしながらも、最後にはうつ病も治ってとてもハッピーだった。何度も離婚と再婚を繰り返しているので、「そりゃあお前はハッピーだっただろう」。でも周囲の人がどうだったかはわからないぞ」とも思うんですけど、それはともかく、彼が人生において重要だったと言っているのは「自分には数学と哲学があった」ということなんです。

つまり謎を解きたい、わからないことを明らかにしたいという気持ちが強くあって、常に関心が外に向いていた。だからこれも楠木さんの言葉で言うところの、自分がすごく小さいんですね。

楠木　そうですね。

山口　とにかく解きたい謎とか、気になっているわからないことがあって、それが解けるかどうかということでずっと生きてきたら、人生を振り返ってみると結果的に「まあ、いい人生だったな」ということになったと言うんです。

データでは見えない人間の「矛盾」

楠木　警察官なのに万引きしたとか、学校の先生なのに痴漢で捕まったとか、そういう事件がときどきありますね。新聞のコメントとかでは「信じられない」という声が出てきますが、僕は「人間ってそういうもんだよな」と思うんです。もちろん犯罪は犯罪ですが。矛盾が矛盾なく同居しているのが人間ですよね。そんなに首尾一貫した、言い換えればつるりとした人はいない。

山口　まったくそうだと思いますね。基本的に「破綻している」のがデフォルトの人間の状態ですよね。サマセット・モームも「長く生きてきたけど、これまで首尾一貫している人間なんて見たことがない」と言っていますし。

楠木　日本経済新聞で読書にかかわる随筆の連載をしたことがあって、そこで書いたことなんですけど、松下幸之助って本当に言葉が強い人で、だからこそ『道をひらく』（ＰＨＰ研究所）という本が今でもベストセラーになっている。あれは本当に素晴らしい本だと思うんですよ。言葉にしてしまうと「自分の道を生きろ」とか「素直な心」とか……読み手からすると「まあ、そうだよね」っていうだけのことになってしまうんですが、短い文章のなかで選ばれている言葉や言い回しには本当に迫力がある。これはなんでだろうと思ったときに、『血族の王　松下幸之助とナショナルの世紀』（岩瀬達哉著／新潮文庫）という人間・松下幸之助の負の側面も直視した評伝があるんですよ。これがまた面白いんですね。

松下幸之助さんにはお妾さんがずっと別にいて、一緒に事業をつくってきた奥さんをないがしろにしていたとか。それから、経営者としてはある意味健全だと思いますけど、儲けに対するものすごい執着があったとか。あと時代が変わっていっても過去の成功パターンに執着して、どうしても重要な意思決定ができないとか。いちばんモメたのは、袂を分かった井植歳男《いうえとしお》さん（松下電器産業＝現・パナソニックの創業メンバー、三洋電機の創業者）との確執。それから自分の子どもにどうしても会社を継がせたいんだけれども、上場企業なのでそう簡単ではなくて迷走したりとか。

実際は「素直な心」どころではないのですが、だからこそ僕はこの本を読んで、ますます松下幸之助への尊敬の念を強くしました。松下幸之助ほどの人でも自分の中に矛盾を抱えている。そういう自分だからこそ、本当に気合いを入れて念じるように素直な心が大切だと説いた。だからこそ言葉に力があるし、世の中の人々の心に訴えたんだと思うんです。

一流の人は「自分が小さい」

楠木　山口さんがご本で書かれていた「大人とおっさんの違い」というのも、この話とけっこう絡んでくるんじゃないかと思います。何かこう、人間理解が平面的な人というのがダメなんじゃないかなという。一流、二流、三流を区別するポイントとして、二流の人というのは「自分が二流だということをわかっている」けれども、三流の人は「そういう意識がない」ということなんですよね。これがすごく面白いなあと思って。

山口　一流の人になるともう、二流とか三流などという評価自体がどうでもいいし、気にならないと思います。

楠木　そうなんですよね。

山口　確かに、この話も「自分が小さい」という話に通じますね。

楠木　あと二流の層の厚さみたいなものって、けっこう社会として健全だということですよね。三流が増えちゃうと問題なんだけれども。

山口　僕が本に書いた話はかなり概念的なものなんですけどね。

楠木　若い世代がすごく「おっさん攻撃」をするじゃないですか。その気持ちはよくわかるんですよ。劣化したおっさんが身の回りにいっぱいいる。ただ、前にも話しましたが、年齢が若かったとしても、自制がなくて、今ある出来合いの価値基準にやすやすと乗っちゃうような人は、若くても「おっさん化」しているわけですよね。

山口　そうですね。システムに無批判に最適化しようとする、世の中から与えられたモノサシを疑わずに駆け登ることに血道をあげる、というのがおっさんの基本行動ですから、年齢にかかわらず、例えば就職偏差値の高い企業をひたすら目指して就職活動している一流大学の学生なんかは「おっさん」に分類されることになりますね。

楠木　だから例えば、自分の小ささということで言うと、ポイントは一般に「謙虚」といわれていることとはちょっと違うんですよ。「政治的な屈辱は安い。政治的屈辱をやりすごせるヤツが強いんだ」みたいな話をロシアのプーチン大統領がしていて。

山口　なるほど、「屈辱に耐える」というのは謙虚さとか美徳の問題ではなく、損得勘定なんだということですね。

楠木　政治的な屈辱を受け入れないというのは結果的にコストが高くつくんですね。日本の戦時の戦争指導者は、その屈辱に耐えられなかった。それが結果的にひどいことになったわけで。政治家に限らず、大人にはうまくいかないことがいっぱいあるんだけれども、それをニヤリと笑って受け止める。誰が言っていたのかは忘れましたが、いちばんいけないのは「他人の力を借りて雪辱を果たそうすること」。

山口　確かに、かつてのドイツもそうでしたね。ナチスというのはベルサイユ条約で連合国から与えられた屈辱を発射台にして議席の過半数を獲ってますからね。屈辱をバネにしてこれを果たそうとするとロクでもない結果しか待っていないと。

楠木　そうですね。それとか外交的に他国の力を借りて雪辱しようとするとか。

山口　屈辱に耐えているという人がいて、それが美徳や謙虚さの故なのか、損得勘定の故なのかは、なかなか外から見ていてわからないということですね。例えば岩崎弥太郎なんかは土佐藩時代には上士の武士から人間扱いされていませんが、これに必死に耐えて……というか、とくに雪辱を果たそうとすることもなく、そのまま立身出世していますね。一方で忠臣蔵の浅野内匠頭《たくみのかみ》なんかは、まさに雪辱を果たそうとしてお家断絶になっている。プライドと言えばプライドなんですが、これは「自分が小さい」というのと真逆ですよね。プーチンがそういうことを言っているというのは、すごい人間洞察力だな。

センスとは「具体と抽象の往復運動」

楠木　センスというものの中身は何かということについての僕の暫定的な結論は、「具体と抽象の往復運動」です。これはいろんな人を横から見てきたなかで、かなり腑に落ちていることなんですけどね。

オープンハウスという会社の社長で荒井正昭さんという人がいるんです。ものすごくイケイケどんどんの不動産のパワービルダーの創業者。イメージは体育会系ですが、僕は荒井さんと話していてものすごく知的な方だと思ったんですね。

荒井さんは「いろいろあるけど、要するに」というフレーズを頻繁に使うんです。いろんな話がワーッと出たあとに、「まあ、いろいろあるけど、要するにこれだよな」という結論がスッと出てくる。これが抜群なんですよ。抽象化というか、論理化というか。ここで言う論理というのは、その人に固有の「要するにこういうことだ」という知見を言っているんですけれども。

ビジネスというのは、結局のところ具体じゃないと意味がない。具体じゃないと指示できないし、結果は絶対に具体的だし。それにどんな問題も必ず具体的に現れる。いつも一個の商品とか一人のお客さんとか、そういう超具体を見ているんですけど、そういうときに必ず「要するにこういうことだよな」という抽象化が頭の中で起きて、そこで得られた論理を頭の中の引き出しに入れている。この引き出しがやたらに充実しているというのが、センスのある人ですね。

これはユニクロの柳井正さんを見ていても思うことなんです。ある商品が計画よりも売れなかったことがあった。こういうときに、センスのない人はすぐ横の具体に飛んで解決しようとするんですよ。つまり「去年はどうだったのか」とか、「色味とか形はどうだったのか」とか、「競合相手はどうだったのか」とか、「地域によっての売れ方は」とか……どんどん横の具体に飛んでいくわけです。具体の地平の上を右往左往しているだけで、一向に本質に至らない。

だけど柳井さんは絶対にそういうことをしない。すごく具体的な問題があっても、まず自分の頭の中の引き出しを開ける。「これってこういうことじゃないかな」と該当する論理を取り出してくる。で、「どうも問題の本質はここにありそうなので、こうやったら解決する」となって、最後はすごく具体的な指示が出てくる。それが横の具体に滑っているんじゃなくて、自分の中の抽象的な「要するに」のところから来ている。

これを僕は「具体と抽象の往復運動」と言っています。実際にはこれ、所要時間1・5秒ぐらいなんですよ。センスに優れた経営者は日常の仕事のなかでこの往復運動を呼吸するようにやっているんです。超具体の問題が「要するに」という一言ですごく高いところまでいく。この振れ幅の大きさと頻度と、それからスピードですね。「要するにセンスってなんだよ。一言で言え」と言われても完璧な答えはないんだけれど、いちばん近似している僕の答えは、具体と抽象の往復運動能力ではないかということです。よく「優れた人はブレない」とか「意思決定が速い」と言いますね。ビジネスでは必ず、その人にとっての未知の新しい現象が毎日出てくるわけですよね。ところがそれを一度自分なりの論理というか抽象のほうに上げている人にとってみれば、「いつか来た道」というか、「いつかどこかで見た風景」になっている。だから新しい事象についても、確信を持って素早く意思決定できるのだと思います。

山口　さきほど「センスはディープラーニングの結果として事後的に生まれる」という話をしましたけど、荒井さんも柳井さんもディープラーニングを通じて得たパターンが膨大にストックとしてあるんだと思います。ディープラーニングを通じて得た知識や経験を具体のままでストックしておくとほかの状況に適用できないので、これだと単なる「もの知り」でしかないわけですけど、得られた経験や知識を抽象化してパターンとして蓄積しているから個別具体の状況にそれを適用できるということですよね。

側から見ているとそのプロセスはブラックボックスなので「センス」としか言いようがないものに見えて、それは生得的なものに思えるかもしれないけど、実際には膨大な量のディープラーニングがそれを支えているんじゃないでしょうか。

「根本的矛盾」を直視する

楠木　もうひとつ。僕の分野である競争戦略でいうと、独創的な戦略の起点には、何かしらその業界の人たちがこれまで見て見ぬふりをしてきた矛盾みたいなものがあるんですね。それを直視するというのがセンスの最たるものではないかと思っています。

例えば、中古車の〝買取専門〟で成功したガリバーインターナショナル（現在の社名はＩＤＯＭ）の創業者の羽鳥兼市さん。従来の中古車業というビジネスは、個人から中古車を仕入れて、それをメンテナンスして価格付けして、また個人に販売するというビジネスモデルです。もちろん儲けるためには「安く仕入れて」「高く売る」が原則です。いかに安く買うか、そしていかに高く売りつけるかが勝負を決めるわけです。羽鳥さんもずっとそれを50歳過ぎまでやってきたんです。地元で成功して大きな販売センターを6つも7つも持っていた。

それで毎朝、各営業所を自分の車でまわって発破をかけていくわけですけど、自分のお店に「高価買取」という看板が出ている。その同じ店に「激安販売」という看板も出ている。高価買取、激安販売という看板を毎朝、毎朝見るわけですよ。それで「なんか根本的に間違っている」「筋の悪い商売だな」となんとなく感じていながらも、1分後には毎日の商売が始まりますから、「中古車屋さんってそういうもんだ」「今日も、高価買取、激安販売で頑張るぞ！」というのを10年、15年とやってきた。そうしてあるときにようやく結論を得た。「個人に売らなきゃいいんだ！」って。これが「買取専門」という戦略の起点にあったという話です。

どんな業界にも思い込みがあって、本当は矛盾しているのに「うちの業界というのはそういうものだ」と見て見ぬふりをしている。それを直視するところから、何か新しい戦略が出てくるということが多いと思うんです。それはやっぱり全体を俯瞰しないと絶対にわからないと思うんですよね。やっていることのそれぞれ細部には一理あるものですから。

山口　「高価買取」は買い取りの担当からすると……。

楠木　ものすごくいいことです。

山口　販売の担当からすると、「激安販売」と謳うことはものすごくいい。だから、経営の1レイヤー下の階層からすると、そこはもうミッションですから、「高価買取」も「激安販売」も両方大事なので掲げている。でも経営者からすると、全体のシステムの中で「これは両立できないよな」というのが見えるということですよね。楠木さんは「利益は顧客が喜んで払う金額＝WTP（Willing to pay）からコストを引いたもの」でしかない、という話を先だってされていましたけど、この例で言えば「WTPは安く、コストは高く」ということを宣言しているわけで、「利益」という点で考えたら完全に破綻しているけれども、一層下の部分で考えるとそれは合理的だということになるわけですね。これも「全体の系」が見えていないと気づけない問題点ですね。

楠木　「全体の系」が見えているかどうかは、ひとつにはこういうことだと思うんです。

経営の意思決定にしても日々の仕事上の判断にしても、あることがあることに対して全面的に優れているとか、全面的に劣っているということはない。すべての選択肢はいいことと悪いことが混ざっている。要するにプロコン（pros/cons）ですね。

AとBの選択で、あからさまにAが正しくてBが間違っているのであれば、Aを取ればいいだけの話で、それはそもそも意思決定の問題にはならない。どちらもそれなりに正しく、それなりに間違っているのです。だから全体の系が見えてなければならない。全体がわかって全体を動かせる人しか本当の決断はできないということになります。

いちばん有害なのはプロコンを議論したままどちらも選べない状況に陥ることです。「それも一理ある……」とか言っていつまでたっても決めない人がいるのですが、「一理ある」のは当たり前で、一理もないことなんて世の中にはないんですね。全体の系が見えている人は、むしろ一理だけのためには動かない。全体を理解したうえで、一石二鳥というか、二理も三理も追求するわけです。

「抽象的思考」は難しいけど面白い

山口　コンサルティング会社ではよく使うチャートがあって、知的な作業をやるときの頭の使い方のモードのチャートなのですが、横軸に直感と論理、縦軸の上には

知的な作業をするときの頭の使い方のモード

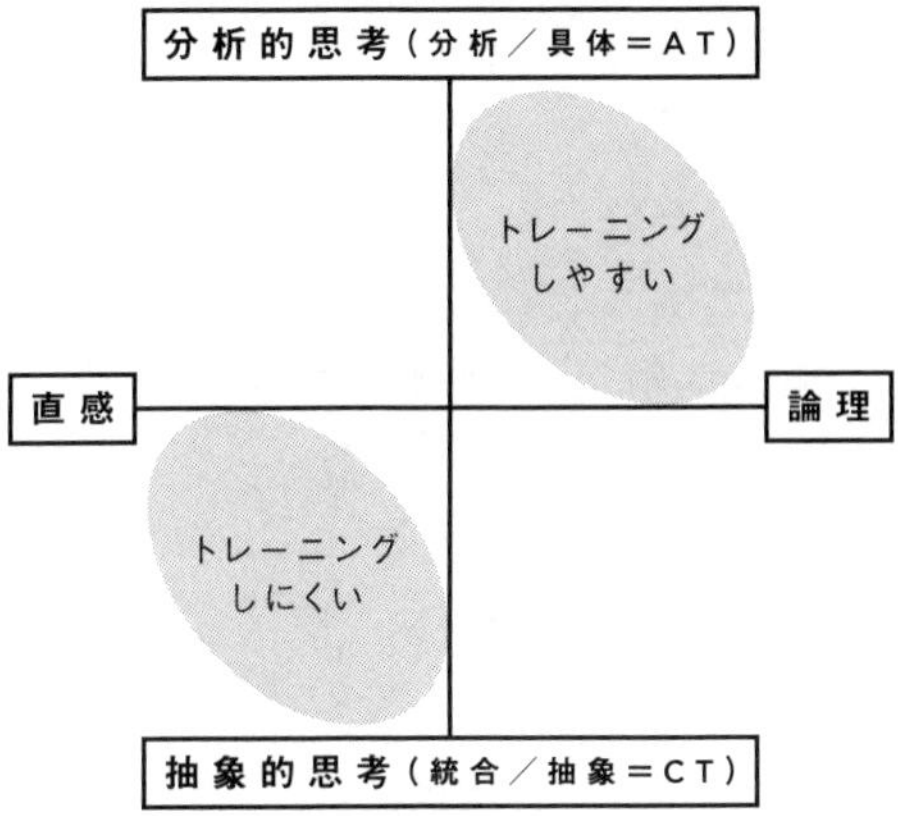

分析／具体＝AT（analytical thinking＝分析的思考）といわれるもの、下には統合／抽象＝CT（conceptual thinking＝抽象的思考）といわれるものを置きます。上下としたのは便宜的なもので、どちらが上位の価値だということではありません。論理は積み上げで答えに至るもの。直感は答えをパッとイメージすること。上は具体的に分ける。下は抽象的にくっつけていく、物事を「要するに」でまとめていくことだと言ってもいいでしょう。

こうして見たときに、論理や分析についてはトレーニングが可能だというんですね。では直感と統合についてはどうやってその能力を上げていくかということが、やっぱりすごく議論になっています。僕はコンピテンシーのサービスを世界中で売っているわけですが、30個ぐらいあるコンピテンシーのなかで、ある意味「それを言っちゃあ、おしまいよ」なんですが、もっとも上げにくいコンピテンシーというのは実はわかっているんです。分析や論理に関するものは訓練をすればすぐに上がるんですね。だけど直感と統合の二つは難しい。でもやっぱり仕事のうえでは具体と抽象の両方が必要なんですね。分析したら必ず統合しないといけないし、メッセージを出さないといけない。あるいは、論理を積み上げていったら、それが本当に答えに至るのかどうかということを、本音の片側から正しい答えになりそうかどうかという「読み」を入れていくためには、やっぱり直感が必要になる。

つまり、直感と統合にかかわるコンピテンシーはとても重要なんですが、それをどうやって上げていくかというのはなかなか悩ましいといわれているんですね。

楠木　なるほど。

山口　あと論理や分析については比較的トレーニングしたときの成長カーブが見え

やすく、できるようになった感というか、報われた感とか達成感があるんだと思うんです。

楠木　僕にもどうやったら統合や直感の能力を上げられるかというのはわからないですけど。ただこれまでの自分なりの経験を振り返ってみたときに言えることがあるとすれば、抽象化や統合という知的営みは実は人間にとってたまらなく「面白い」ことだと思うんですね。例えば一見すると全然違っている二つのものが、ある切り口から見たときに同じに見えたとか、バラバラのものを統合して最終形から見えるというのは、人間にとって本来はすごく面白いことだと思うんですよ。よく柳井さんが「あの人は商売の面白さがわかっていないからダメなんだ」とおっしゃるんですけど、その人のセンスの有無を的確に表す言葉だと思うんです。

本当は抽象化や統合は人間にとって面白い。しかしその面白さをわかるまでがけっこう大変で、しかもわからないままで終わってしまう人も多い。ただ、その面白さをわかった人にとっては、面白いことなので自然にやりたくなる。これが仕事ができるということにつながっていくんだという気がします。

山口　以前、大手飲料メーカーから、かつては定期的に出たヒット商品がここのところなかなか出ない、その理由を調べてくれというご相談をいただいたことがあります。現場で製品開発の仕事をやっている人たちはトータルで200人ぐらいいたのかな。その人たちのコンピテンシーを調べてみると、CT（抽象的思考）が、かつてヒットをバンバン飛ばしていた大先輩の人たちよりも明らかに弱くなっている、ということがわかったんです。

キャリアの問題か採用の問題かといろいろ調べたんですけれども、わかったのは宣伝部を経由している人は有意にCTが高いんですよ。広告コピーなどは本当に削ぎ落として、削ぎ落として、「これをいちばん伝えたい」という本質についてずっと考える仕事なので、CMプランナーやコピーライターってCTが鍛えられるんですね。さっきも話に出た白土謙二さんも、もともと電通のCMプランナーなんです。

何を言いたいのかというと、つまりセンスは鍛えられるということなんですね。じゃあどうやって鍛えるのかっていうと、非常にこれ、また修行的な話なんですが。

僕がいた頃の電通というのはまだまだのんびりした会社だったので、月曜日の朝はみんな、9時なんていう早い時間に出社はしないんですよ。だいたい10時半とか11時半とかにバラバラ集まってきて「朝会やろう」と言って集まって1時間ぐらい雑談をしているんですね。月に一回の部会のときには、だいたい「最近、面白いこと何かあった?」と聞かれるんですけど、これがもう人事評価なんです。そこでつまんないこと言おうものなら「あいつちょっとヤバイんじゃねぇか」となってしまう。

そこで言う面白いことというのはどういうことかというと、こないだ新聞を読んでいてこういう記事を読んで、電車の中でこういう景色を見て、映画でこういうのがヒットしている……今こういう時代がきているんじゃないかっていうことなんです。

楠木　「要するに」とか、そういうこと。

山口　まさに具体の情報を集めてポーンと裏側にひっくり返すと、こういうことが言えそうだっていうことなんですよね。そこで「なるほど!」と思えるようなことが言えるか言えないかが、ある種のポテンシャル評価になっていて、その打席で何度も空振り三振とか見逃し三振しているようだと「あいつは向いていないな」ということになるわけです。

抽象的な理解ほど実用的で実践的なものはない

山口　電通にいたときに、白土謙二さんを見ていてびっくりしたことがあったんです。ユニクロの店を視察に行ったときのことなんですが、第一次フリースブームで沸いていた当時、平日の夕方の時間帯だったんですね。成城の環八沿いの店だったと思うんですけど、ワーッとお客さんがいっぱいいて、お店の中にすごく活気がある。

楠木　千歳船橋のお店ですか。

山口　そうです。それで「いや、すげえな。ユニクロの天下、まだまだ続くな」と僕が言って外に出てきたら、白土さんが「山口さん、このブランドがこれから大変厳しい状況になるの、気づきました?」と言うんです。「えっ?　だって、あんなにお客さんは入っているし、みんなカゴの中に商品をいっぱい入れて、レジもすごい並んでいたし盤石じゃないですか」と。すると白土さんが「いや山口さん、このブランドの男性、女性の衣料品の売上高比率って、何割だかわかっていますか？」と言うんです。男性のほうが約8割というのはすでに分析されている具体的情報としてわかっていたのでそう言うと、「今日お店にいた方、性別でいうとどちらのほうが多かったと思いますか？」と。確かに、女性が約9割だったんですね。僕はカゴの中の商品まで具体的に見ていなかったのですが、白土さんが「カゴの中身は男性ものがほとんどだった」と言うわけです。

来ているお客さんは女性が約9割で、有価証券報告書を見ると売上高比率は男性物の衣料品が約8割。それで白土さんは最後に「買い物している人ってどんな様子でした？」と言うんです。言われてみれば確かに、スーパーマーケットで買い物をしている感じだったんですね。「結論はひとつです。あの人たちは自分の服を買いたくてあそこに来ているんじゃないんです。ファッションというのは本質的に衣料を売るんじゃなくて、服を買う喜びがベネフィットですから、自分のための服を喜んでこの店で買いたいと思って来てるんじゃないということは、このブランドはタンスがいっぱいになったら、必ずいったん打ち止めになります」と。

楠木　なるほど。

山口　この人はどういう頭の構造をしているんだと思いましたね。まあでも、プランナーの頭の使い方なんですよ。着眼点がいろいろとあって、それぞれ具体的な情報なんだけれども、まとめると「自分のために服を買っていない」「旦那と子どもの服は安いユニクロで買って、自分はお金をそこでセーブして週末に玉川髙島屋に行ってユナイテッドアローズで買っているんです。だから、いずれはあちらに負けますよ」と。これはすごくわかりやすい例だと思うんですけれど、習慣的にいろいろなものを見て、それが集まったときにどういうストーリーが描けるのか。何が起こっていて、この先どういうことが起こるのかという〝つなぐ力〟というのは、やっぱりCMプランナーとして20年間ずっとやってきていますから、さすがにCTは上がっている気がしました。

楠木　ただ、CTを上げるにしてもAとBとCをこういう順番で1週間ずつやればできるようになりますよっていう、標準的な方法ではないわけですよね。

山口　ないですね。これはまさに修行で何十年もの習慣を積み重ねた結果、事後的に把握できるものです。

楠木　白土さんの話はこれぞセンスっていう、仕事ができる人だっていう例みたいなことだと思うんですけど、まさに具体と抽象の往復運動ですね。

抽象化というと何か評論家みたいだというような批判をされるんですけど、抽象的な理解ほど実用的で実践的なものはないと、改めて思いますね。

どうやって自分の土俵を見極めるか

楠木　話が戻りますけれど、自分の「土俵感」を持っていないとセンスがセンスでなくなっちゃうというか、センスが空回りしがちだということを、もう一回指摘しておきたいですね。

山口　それがナンセンスになるというか、かえってブレーキになるという。ですから、スキルはどこでも通用しますけど、センスは戦いどころを間違えるときわめてネガティブになってしまう。

楠木　そうですね。まずは自分のセンスみたいなものがないと土俵もへったくれもないのですが、そのうえで自分の土俵感、センスの土俵感までわかっている。相当高度なレベルですが、これが仕事ができるということの重要な要素だという気がします。

山口　土俵を見つけるにはやっぱり場数なんでしょうね。

楠木　メタセンスですよね。土俵を外してみて、「ああ、この辺が自分の土俵なんだな」ということがだんだんわかってくる。ただ、場数というのも単純な反復みたいなこととはちょっと意味合いが違うんでしょうね。ある程度いろいろなバラエティがあって、あるところではうまくいったのに、なんでここではすごく空振りするんだろう、みたいな。

山口　これは前にもお話ししたことですが、若い人が「自分の強み」として認識していることはほとんど間違っていますね。だからこそ、短兵急に「これは得意、これは不得意」と断じることなく、いろんなことにトライして、虚心坦懐に「ウケたか、ウケなかったか」という結果を直視しないといけない。やっぱり顧客がすごく喜んでくれたとか、再び発注が来たというのは間違いなく「得意」なんですよ。逆に言えば「いまいちウケなかった」とか「再発注が来なかった」というのは「不得意」だということですね。ところが、こういうプロセスをすっと飛ばして、例えば才能診断ツールのようなものに頼ってしまうわけです。

楠木　けっこう流行りましたけど。

山口　あれで自分の強みを再確認して、さらに強固な独善に陥っていくというのは、とても危険な話だと思うんです。人間には確証バイアスがありますから、もともと思い込んでいることが危機に晒されたときにこそ、余計にああいうツールに頼って思い込みを守ろうとする傾向があります。そういうものに囚われて短兵急に自分の強み・弱みを確定させてしまって、場数を増やす、いろんな体験をするということをせずに、抽象的なデータに頼って自分のポジショニングを決めるというのは、とても機会損失が大きいと思います。

楠木　才能診断ツールみたいなものについて僕も懐疑的ですね。自分のセンスやそれが利く土俵についての理解を深めていくのが、仕事のいちばんおいしいところというか醍醐味だと思うんで。定型的な診断で「あなたのストレングスはこれですよ」と教えてもらうというのは味気ないというか元も子もない感じ。

洋服に興味がある人はファッション・コーディネーターとかアドバイザーとかつけませんよね。なぜかというと、自分であぁだこうだと考えるプロセスが面白いから。それを人に渡してしまうのはつまらない。それと同じような話だと思うんですよ。だいたい才能診断ツールをやった人って「当たってる！」とか言うんですね。なんだ、初めからわかってんじゃねえかっていう。自分がもともとわかっていることを再確認する程度のものなら「ファインダー」というのはちょっと言いすぎだと思うんですけどね。いずれにせよ、自己理解として底が浅い。

僕はいろんな会社と仕事をしてきたんですが、やっぱり合う・合わないというのがあるんです。だいぶ前にＩＢＭで集中して仕事をさせてもらっていた時期があって、わりとうまくいっていたんですね。ところが、これも昔の話で今はどうだかわかりませんが、その後オラクルからお話があって経営陣向けのセミナーをやらせてもらったんですが、こちらが提供する考えは基本的に同じなんですけども、フルスイングで空振りするということがあったんです。オラクルの会議室でわりと寒い空気が漂った。

山口　(笑)

楠木　あれ？　業種はだいたい同じなのに、なんでこうなるんだろうと。

山口　そこの空振りって、どうやって気づくんですか。

楠木　いや、もう肌感覚でわかりますよね。

山口　議論にならない。

楠木　「なんだ、こいつは」みたいな。

山口　「誰だよ、こいつ呼んだの」みたいな。

楠木　ええ。それで、じゃあ、オラクルとＩＢＭというのは、どのディメンションで違うのかなというのを当然考えるわけですよね。そうするとＩＢＭのような、どこかメインストリームみたいなノリが自分には合っていて、当時オラクルはまだ新興のベンチャーだったんですが、そういうところだとダメなのかとか。

だけどメインストリーム系のとあるメガバンクではドン引かれる。じゃあ金融はもうダメなのかなと思っていたのですが、三井住友銀行に行くとフィットがよかったりして。別のＩＴベンチャーだとずいぶん盛り上がったりする。「これってなんなんだろう?」というのは、結局、場数の持っているバリエーションということだと思うんですよね。合う・合わないっていう経験の積み重ねは、僕にとってずいぶん勉強になりました。

山口　わかります。

楠木　そのうちに「こういうタイプはもう合わないな」とわかってくるので、「たぶんあんまり貢献できないと思いますよ」と、あらかじめ断ったりするようになる。

山口　それについては今のところ、どういう言語化というか抽象化ができているんですか。

楠木　それはですね、例えばいちばんわかりやすい……僕は電通とかなんですよ。

山口　ウケないということですか?

楠木　逆です。あくまでも僕の側の感覚ですが、電通はフィットがいいと感じています。ファーストリテイリングもイイ感じですね。あと、サントリーとか。ま、こっちがそう思っているだけで先方はそうでもないのかもしれないけれど。でも、長いこと続いているということは、まあまあうまくいっているのかな、と。なんか一見違っていそうですけれども、結局、ヒューマンなところ、人間的な商売、人間的な会社が向いているのかなあ、と。

山口　なるほど。

楠木　言い換えれば、テクニカルじゃないところ。あくまでも冷静にカチカチと合理性を追求するところは向いていない。

当時のオラクルとＩＢＭの違いは何かと考えてあとでわかったのは、ＩＢＭというのはＢｔｏＢなんですけれども、すごくヒューマンな世界だった。大規模なシステムの提案力、営業力ですからね。白土謙二さんみたいな人がいっぱいいて、上品で洗練されているんですけど、ものすごい人間的な会社だったんですよ。そういう面が当時のＩＢＭにはかなりあって。

それに対してオラクルは、もう当時はひたすら競争力のあるタマでバンバン押していた。データベース一本槍の頃だったので、どっちかというとテクニカルだったのかもしれない。

山口　僕の苦手な会社でいうと、たぶん感覚は似ていると思うんですけど、タテマエで勝負している会社は苦手ですね。

楠木　わかります。それは僕も難しいよね。

山口　アメリカの会社で言うとGEがもう典型なんですけれど。「そうは言ってもさ」ということを言うと「そうは言ってもさって、どういう意味ですか」と、本当に真顔で言われちゃうようなところが……。これはオラクルもちょっとありましたけど。

楠木　なるほど。

山口　オラクルの創業者のラリー・エリソンも「Show me good number」と言うだけで、もうみんなこうダーっと動いていく。なんかこう、隙間が全然ない感じですよね。

楠木　なるほど。

山口　ちゃめっ気がないというか、ちゃめっ気が入り込む余地が全然ないという感じはありましたね。すごいアスレティックで。

仕事ができる人は自分の「意志」が先にくる

楠木　センスがある人は自然と当意即妙のうまいことを言う。白土さんなんて、もう「うまいこと大将」にして「うまいこと大賞」みたいな人でしょうね。改めて白土さんのお話は面白かったなあと思って、ネットで検索して白土さんが出てくる記事をいろいろ読んでみたら、最初から最後までやってきた。白土さんは自分勝手に一人で電通の中で好きなように最初から最後までやってきた。特異なキャリアです。で、ご本人は「わたくしは一人博報堂でして……」なんて言う。あえて「一人電通」とは言わない。うまいですね。

山口　うまいなあ。みうらじゅんさんも、言葉を使うのは重要だというタイプです。彼は自分のことを「一人電通」と言ってますよね。

楠木　あの人も、錬り上げられた生活哲学の人だと思います。

山口　「ゆるキャラ」とか「マイブーム」とか、あれ全部命名はみうらじゅんさんですからね。

楠木　それを多くの人はキャッチコピーをつくる技術だと思ってるんですよ。だけどそうじゃなくて、みうらじゅんさんの場合は〝生活の総体〟なんですよね。「マイ仏教」なんて、全生活をかけて出てくる言葉だと思うんですよ。

山口　大阪大学でロボット研究をしている石黒浩先生という、自分の娘そっくりのアンドロイドをつくったりする相当エキセントリックな博士がいるんですが、彼がコンピュータ・サイエンティストのアラン・ケイと話す機会があったそうです。

楠木　「ネットワークがコンピュータだ」みたいなことを言った人ですね。

山口　彼は1970年代に、子どもがタブレット端末を使っている絵を自分の論文で書いている。「ダイナブック」というコンセプトです。

楠木　東芝のパソコンの商品名ではなくて、「ダイナミックメディア機能を備えた本」のようなデバイスというアラン・ケイの構想ですよね。

山口　未来は通信でつながっていて、いろいろなソフトはクラウドにあるということを、もう70年代に全部書いているんですよ。それで「この論文は未来を予測していてすごい！」と言われたときにアラン・ケイはすごく怒って「予測じゃない」と言うんですね。「オレはこれをつくりたいと思ってつくったんだ。だからオレが思ったような未来になっているんだ」と。

そんなアラン・ケイと石黒先生が会ったときに、石黒先生は研究がうまくいかなくて心が折れていたらしいのです。アンドロイドをつくっても商業価値も生まれないし「オレ何やってんのかな」と思っていた。その時にアラン・ケイに会っていろいろ説明して、最後に「アンドロイドに未来はあると思いますか？」と質問しちゃったらしいんです。そしたらアラン・ケイがやっぱりすごく怒ったらしくて「お前、第一人者の立場として、そんなことをオレに聞いてどうすんだ？　お前はアンドロイドをどうしたいと思ってるんだ？」と。石黒先生はその言葉を聞いて「何かそこでガツーンとやられた気がしたんだよね」とおっしゃられていました。

楠木　いい話ですね。

山口　非常にいい話なんですよ。「お前はどうしたいんだ？」という。

楠木　アウトサイド・インの人は「どうなるんでしょう？」ということを知りたい

んですけど、インサイド・アウトの人は「それはどうなるかわかんないけど、自分はこうしようと思う」と思考する。つまり自己の自由意志なんですよね。先年お亡くなりになった堀場製作所の創業者、堀場雅夫さんが素晴らしいタイトルのご本を書いていらっしゃる。『イヤならやめろ！　社員と会社の新しい関係』（日経ビジネス人文庫）という本です。ホントにそのとおりなんですね。誰も頼んでいない。仕事というのは自由意志でやるものです。君主制下で王様に命令されてやるものではない。自由意志というのは商売の根本的な原理原則にして、仕事の生命線だと思います。

僕は意志が先にくるのが仕事ができる人だと思っていて、「自分としてはこう思う」を貫く。自分で面白がっていれば人に話したくなる。そうするとだんだん人の理解も深まってくる。石黒先生もアラン・ケイもそうだと思うんですけど、彼らの考え方がだんだん広まっていって、実際にその話に乗ってくる人が増えてくる。ストーリーが実行されていく。こうした流れの基点にあるのは、個人の意志。それが結果的に正しいかどうかはわからないけど、自分はそうしようと思う。意志というのは、そういうことです。

そういう人のもうひとつの特徴は、最初の段階で正解を求めていないことです。構えとして「ひょっとしたら、これイケるよな」みたいな。

山口　いい意味でのゆるさがあるんですよね。

楠木　僕が柳井さんからいちばん学んだのもその点で、あの方はいつも戦略を考えるときに「ひょっとしたら、これはすごく儲かるかもしれない……」が起点にある。「絶対にうまくいくのか」ということを求めないんですよ。いつも「ひょっとしたら」で考える。「ひょっとしたら世界一になれるかも」と考えたのがユニクロの始まりだったとおっしゃるんですね。「確率は難しくて0・1パーセントかもしれないけどゼロじゃない。ひょっとしたら世界一になれるのだから、その方向で考えてちょっとやってみよう」と。

それが話が面白いということだと思うんですよ。それはプレゼンテーション・スキルじゃない。話が面白い人というのは、「自分はこう思うんだけど」という話をしているのです。話がつまらない人というのはアウトサイド・インで「こういう予測になっていて、こういう影響でいつ頃までにこうなる」という話し方をする。
ひどいなと思うのは、会社の中でつまらない話をする人がいる。聞いている人がつまらないのは好みの問題だからいいと思うんですけど、ところがなかには自分の話を面白いと思ってない人がいるんですよ。人前で自分でも面白いと思っていない演説をする。自分でもつまらない話に人がついてくるわけないですよね。自分でもつまらない話に客がついてくるわけないと思うんですよ。ということは、自分でもつまらない話をして、人を動かして会社を巻き込んで失敗する。これはもはや犯罪行為ですよね。

山口　迷惑なだけです。

楠木　そういう人を会社の中で見つけたら、「犯罪者！」と声をかけてくれと僕は言っているんです。心の中で、ですけどね。本当に口に出すと、こっちが犯罪者になっちゃうから。そういう人が会社から一掃されるだけで、売上げや利益は大きく上がると思うんですよ。それだけ根本的な問題だと僕は思っています。

仕事ができない人の「過剰在庫」

楠木　アウトサイド・インに関連して付け加えると、「これは役立ちそうだ」とか言って、勉強好きな人がいますね。大量にいろんな知識を得て、いろいろなツールを使ってきちんと整理して蓄積していく。でも永遠に使われない部品みたいになっていて製造ラインも動いてない。

山口　だけど在庫はすごい。

楠木　在庫過剰。インサイド・アウトの人というのははっきりとした必要があって、そのときに知識を取りにいく。

ファーストリテイリングに本社のコーポレートプランニングで経営管理系のことが異様に上手な部長がいるんですよ。システムをつくって回したり、予算の立て方はこうしてみようとか。この人はファーストリテイリングがかつて買収した靴小売りの会社に就職したんですね。それで今ファーストリテイリングにいらっしゃる。就職してすぐにけっこう頑張ったら店長になれた。でも「ここまで来れたんだからいいや。店長で満足だ」とはならなかった。店長になってみると、カネ勘定ができないと店の経営ができない。「これではダメだ」と思って経理の勉強をしたら、翌日からすぐ使える。「なるほど、こういうことか」と面白くなって、ますます勉強する。

山口　そういう勉強は定着しますよね。

楠木　その靴小売りの会社はどんどん成長して、新規出店の資金が不足するようになる。その頃、彼は本社で働いていて、お金が足りないので銀行に貸してもらいに行かなきゃいけない。ここでＰＬ（Profit and Loss statement＝損益計算書）だけじゃなくて、ＢＳ（Balance Sheet＝貸借対照表）もわからなきゃダメだということを肌で感じる。ＰＬやＢＳがわからないと銀行では話にならないので、財務も勉強する。で、その知識を仕事ですぐに使うんですね。

その後、靴小売りの会社がＩＰＯをするという話になって、彼はすでに中枢メンバーになっていたので、内部統制とかＩＲとか、資本上のルールも勉強しなきゃいけない。ちょうどその頃に会社がユニクロに買収された。

買収されたとき、当初は「なんだよ」と思ったらしいんですけど、その頃すでに日本を代表する高成長の企業と評判になっていたユニクロを見てみると、彼の目から見て予算システムはあまり洗練されていなかった。買収された当初は自分の役割が決まってなかったのでけっこう暇だったらしいんですけど、その時に自分でエクセルですぐに使える予算システムを勝手につくろうと思った。すると今度はいろんなシステムの勉強もしなきゃならない。そうやって5年ぐらいやってるうちに、計画づくり、プランニングで頼りにされる人になっていた。中国事業を立ち上げるときには「中国へ行って経営のベースをつくってくれ」と言われる。中国で商売の基盤をつくっているうちにマーケティングも必要になる。で、今では経営管理を軸足に、さまざまな分野で頼りにされるマネジャーになった。これこそインサイド・アウトの勉強法です。

「今すごく勉強してます」と言って、セミナーに出まくるのもいいけど、それだとアウトサイド・インで意味のない在庫ばかりになっちゃう。そんな知識はすぐ腐ってロクでもないことになる。

山口　インプットの仕方が上手な人というのは何を知りたいのかわかってると思う

んですよ。よくある話で、「最近、離職率が増えてきている。なんかエンゲージメントというのがキーワードになっているらしいから、ちょっと離職率の問題のプロジェクトを立ち上げてくれないか」と言われた人が、離職率とかエンゲージメントとかいうキーワードで何を出すか。「エンゲージメント経営」とかいうキーワードを使ってくるんですよね。

楠木 どういうワードを持ってくるかもセンスですからね。

山口 そうそう。センスがいい人というのは「エンゲージメント」とかいうキーワードに踊らされない。ウチの会社を愛してくれない人が増えている。組織に対する愛着はどうやったら持続するんだろう。逆に言うと「この組織のためなら死んでもいい」という人を、どうやってみんなつくっているんだろう、と。「極論するとオウム真理教だな」と考えると、オウムってどうやって家族から出家させてきたんだろうといった具合で、要するにその人がものすごく知りたいと思っているエッセンスから出てきた抽象度の高い学びがある。だからすごく面白かったりするわけですよ。

楠木　面白いですよね。

山口　センスがいい人というのは自分が何をわかりたいと思っているのかを認識している。自分に何がいま知識として足りないのか。これは役に立つ、これは役に立たないということが、ものすごくシンプルに整理できている。

足りないものがはっきりしない状態のまま、周辺のキーワードをとにかくワッと勉強して「1週間勉強して、来週報告なんだけど困った」と途方に暮れている人がけっこういるじゃないですか。何を知り、何に答えを出したいという点がはっきりしないまま、ブワッとインプットする人はやっぱり厳しい。

楠木　厳しいですよね。それもプロキシですり替わっちゃってるんですよね。だけどそうやって勉強していると刹那的には安心するんですよね。敵はプロキシにあり、ということです。しかも、これは強力な敵です。仕事は常にプロキシにとり囲まれている。このことをよく踏まえて、それでもなお成果への筋道を通して仕事をする。昔も今もこれからも、これが「仕事ができる」ということだと思います。

おわりに

「スキルのデフレ化とセンスのインフレ化」はあらゆるジャンルで進行している

不確定性原理を発見した20世紀最大の物理学者の一人、ヴェルナー・ハイゼンベルクは自身の伝記に対して『部分と全体』という題名を付けている。前景となる個別エピソードを「部分」という言葉で、20世紀物理学の進歩と発展という後景を「全体」という言葉で象徴的に表しているわけだが、延べ10時間近くの時間をかけて楠木先生と「スキルとセンス」という問題について議論し、今ここでほぼ仕上がった原稿を改めて読み直して思ったのは、「スキルとセンス」の問題もまた、そのまま「部分と全体」の問題と置き換えて整理できるのだな、ということだ。

もちろん「部分」なくして「全体」はあり得ない。しかし、いくら「部分」の品質を高めても「全体」としてのシステムのパフォーマンスが向上するとは限らない。むしろ部分への注意が高まることで視野が局所化してしまえば、システム全体としてのパフォーマンスは低下してしまうだろう。

「スキルとセンス」についても同様のことが言える。言うまでもなく、「部分」を十全に成立させ、機能させるためには「スキル」は必要だ。逆に言えば「スキル」が必ず具体的な個別活動と紐づく以上、「スキルは部分化する宿命」にある、ということだ。したがって、いくら「部分」の機能を向上させたからといって、それで「全体」がうまく成立し、機能するとは限らない。俯瞰的な視野からシステムの弱点をつかみ取り、時流に合わせてシステムを改変していくには「全体」を大きな枠組みとしてそのままに捉える「センス」が不可欠になる。

したがって「スキル」と「センス」のどちらがより重要なのかは、その時々の状況によって異なる。本書を注意深く読んでいただければおわかりいただけると思うが、改めて注記すれば、本書の本意は「スキルよりセンスが大事だ」ということを主張する点にはない。両者は共に重要だが、その重要性は文脈や立ち位置によって変化する、ということだ。

そして、改めていま現在の状況に照らして考えてみれば、昭和期に恐ろしいほどにうまく機能したシステムがさまざまな箇所で不具合を起こしており、システム全体の改変が必要な状況にある。このような状況において、個別の「部分」のパフォーマンスを機能・向上させるための「スキル」の獲得だけに注力することは、本当に得策なのだろうか。これが本書の通奏低音となる問題意識なのである。

しかし、このような状況においても、相変わらず「スキル」は愛好されている。世の中の変化が見通せない以上、スキルくらいは身につけておきたいということなのかもしれないが、実際にはもう少しタチの悪いバイアスが作用しているように思う。

世の中はどんどん変化していくのに、人のマインドはなかなか変わらない。結果、世の中のあり様と人のマインドのあり様のズレは時間がたつほどに大きくなり、そのズレがある閾値を超えた瞬間に莫大なエネルギーを放出して均衡状態に戻る。そして、往々にしてこのエネルギー放出には多くの混乱と悲劇が伴う。これは地震のメカニズムとまったく同じである。

バブル崩壊はその典型例と言える。「土地に投資しておけば間違いがない」という社会通念は戦後から昭和後期にかけて形成されたが、この通念と社会のあり様との間に発生した歪みが経済合理性の枠組みで吸収できない閾値を超えた瞬間に巨大な揺り戻しが発生し、多くの悲劇と混乱をわが国にもたらした。

スキルと財の価値は需要と供給のバランスによって決まる。スキルがここまで求められ、もてはやされるのは、需要に対して供給が追いつかなかったためだ。つまりスキルはかつて「金になった」のである。高度経済成長期の土地と同じように「投資しておけば間違いがない」のがスキルだったわけだ。

しかし、土地もスキルもそれだけで富を生むわけではない。本来、富を生み出すには様々な要素からなる「全体」としてのメカニズムやストーリーがあり、土地もスキルもそのメカニズムやストーリーを構成するひとつのピースであるにすぎない。ところがこのピースに関する需要と供給のバランスが崩れると、メカニズム全体の整合性を置いてけぼりにしてピースが価値インフレして一人旅に出かけてしまう。

しかし結果は無残だ。放蕩息子の帰還よろしく、一人旅に出たピースは裸足にボロ布を纏って帰郷するしかない。お父さん、僕が馬鹿でした――。

いま求められているのは「儲かる仕組み」と「社会課題の解決」を「全体」として構想し、その構想によって人のモチベーションを引き出せるような人物、本書で取り上げた経営者で言えば阪急グループの事実上の創業者である小林一三のような人材だろう。こういう経営者はスキル教育をいくらやっても輩出することは難しい。構想力は数値化することができないし、体系的な教育方法もないからだ。これは日本における経営者教育の大きな課題だと思う。しかしだからこそ、まずはこの時代における「センスの重要性」を認識することが必要なのである。

閑話休題。「センスとスキルというテーマで一緒に本をつくりませんか？」と楠木先生からお話をいただいた際、真っ先に僕が思い出したのは作曲に関する自身のこれまでの葛藤と考察だった。

ここでは専門的な話には踏み込まないが、いわゆるクラシックの世界における作曲には和声法、対位法、管弦楽法などの膨大なスキルの体系がまとめられており、これらを初歩から地道に学ぶことで一応、スキル的には「作曲ができる」と胸を張って言える状態にまで持っていくことができる。音大の作曲科はまさにこれらのスキルを体系的に学ぶことを目的にしているわけだが、ではこれらのスキルを身につけたとして、作曲家・ミュージシャンとして活躍することができるかというと、必ずしもそうではない。

これは中学から高校の時期にかけてアカデミックな作曲技法を集中的に勉強した自分が身をもって感じたことだが、体系的な作曲の技法を知っているということと、人の心を捉えて放さない、その人ならではの個性的な音楽を生み出すというのは、もう悲しくなるほどに関係のないことなのである。スキルがあってもセンスがなければインパクトのある作品世界を創り出すことはできない、というのは私自身の挫折体験から導き出した命題でもある。スキルが評価されるのは与えられた楽譜を正確に演奏することが求められるスタジオミュージシャンの世界だが、そちらも現在はコンピュータへの置き換えが急速に進んでおり、「スキルのデフレ化とセンスのインフレ化」はここでも怒涛の勢いで進行している。人間のミュージシャンに求められているのはますます「センス」や「味」といった、数理記述や言語化が難しい要素になりつつあるのである。

これはアートの世界についても同様である。ＺＯＺＯ前社長の前澤友作氏が１２３億円で落札したジャン＝ミシェル・バスキアはアカデミックな絵画技法を学ばず、ストリートアートをそのままアトリエに持ち込んで世界的な評価を獲得した。現在のアートの世界では正統派の絵画スキルよりも人を魅了する一発のコンセプトを生み出せるセンスが重要になっているのである。ここでも「スキルのデフレとセンスのインフレ」が起きているのだ。

これはビジネスの世界に当てはめて考えてみても同じことだろう。現在は「正解が過剰になり、問題が稀少化している」社会である。その逆、つまり「問題が過剰で、正解が稀少」な社会であれば、与えられた問題に対して正解を出すスキルを持っている人物は高く評価され、経済的にも成功しただろう。しかし現在はその逆、つまり「正解が過剰で問題が稀少」な社会になりつつある。ましてや現在は人工知能の価格が急速に下がりつつある時代である。このような状況では、ますますスキルの相対的な価値は低下し、コモディティ化していくことになる一方で、社会から誰も気づいていない新しい問題をすくい取り、それを解決することで儲ける仕組みを構想できるセンスには高い価値が認められるようになるだろう。

最後に、改めて本書制作の機会をくださった楠木建先生にこの場を借りてお礼を申し上げたい。私にとって非常に貴重な、学びの多い機会を与えてくださり、どうもありがとうございました。また、編集を取りまとめていただいた宝島社の宮川亨さんはじめ、関係者の皆様にもここで謝意を表します。

山口 周

著者プロフィール

楠木 建（くすのき・けん）

1964年、東京都生まれ。89年、一橋大学大学院商学研究科修士課程修了。一橋大学特任教授。専攻は競争戦略。企業が持続的な競争優位を構築する論理について研究している。著書に『ストーリーとしての競争戦略 優れた戦略の条件』（東洋経済新報社）、『室内生活 スローで過剰な読書論』（晶文社）、『すべては「好き嫌い」から始まる　仕事を自由にする思考法』（文藝春秋）、『逆・タイムマシン経営論　近過去の歴史に学ぶ経営知』（杉浦泰と共著、日経BP）など。

山口 周（やまぐち・しゅう）

1970年、東京都生まれ。慶應義塾大学文学部哲学科、同大学院文学研究科修士課程修了。独立研究者、著作家、パブリックスピーカー。電通、ボストン・コンサルティング・グループ、コーン・フェリー等で企業戦略策定、文化政策立案、組織開発に従事。現在、株式会社ライプニッツ代表、株式会社中川政七商店、株式会社モバイルファクトリー社外取締役、一橋大学大学院経営管理研究科非常勤講師。著書に『世界のエリートはなぜ「美意識」を鍛えるのか? 経営における「アート」と「サイエンス」』（光文社新書）、『ニュータイプの時代 新時代を生き抜く24の思考・行動様式』（ダイヤモンド社）、『ビジネスの未来 エコノミーにヒューマニティを取り戻す』（プレジデント社）、『自由になるための技術 リベラルアーツ』（講談社）など。

本書は、２０１９年12月に小社より刊行した単行本『「仕事ができる」とはどういうことか?』を新書化したものです。

宝島社新書

「仕事ができる」とはどういうことか?
(「しごとができる」とはどういうことか?)

2021年7月23日　第1刷発行
2024年4月20日　第4刷発行

著　者　楠木 建　山口 周
発行人　関川 誠
発行所　株式会社 宝島社
〒102-8388 東京都千代田区一番町25番地
電話:営業 03(3234)4621
編集 03(3239)0646
https://tkj.jp
印刷・製本:中央精版印刷株式会社

First published 2019 by Takarajimasha, Inc.
ISBN 978-4-299-01859-5